Amor:
El Cumplimiento de la Ley

Amor:
El Cumplimiento de la Ley

Dr. Jaerock Lee

Amor: El Cumplimiento de la Ley, escrito por el Dr. Jaerock Lee
Publicado por Libros Urim (Representante: Kyungtae Noh)
73, Yeouidaebang-ro 22-gil, Dongjak-Gu, Seúl, Corea
www.urimbooks.com

Todos los derechos reservados. Ninguna parte de esta publicación podrá ser reproducida, procesada en algún sistema que la pueda reproducir o transmitida en alguna forma o por algún medio electrónico, mecánico, fotocopia, cinta magnetofónica u otro sin el permiso previo por escrito de los editores.

A menos que se indique lo contrario, el texto Bíblico ha sido tomado de la versión Reina-Valera © 1960 Sociedades Bíblicas en América Latina; © renovado 1988 Sociedades Bíblicas Unidas. Utilizado con permiso. Reina-Valera 1960™ es una marca registrada de la American Bible Society, y puede ser usada solamente bajo licencia. Usado con permiso.

Derechos de autor © 2016 por el Dr. Jaerock Lee
ISBN: 979-11-263-0065-5 03230
Derechos de traducción al inglés © 2014 por la Dra. Esther K. Chung. Usado con permiso.

Primera publicación: Marzo de 2016

Publicación previa: Corea 2009 por Libros Urim en Seúl, Corea

Editado por el Dr. Geumsun Vin
Diseñado por el Departamento Editorial de Libros Urim
Para mayor información contáctese con urimbook@hotmail.com

*"El amor no hace mal al prójimo;
así que el cumplimiento de la ley es el amor".*

Romanos 13:10

Prefacio

Con la esperanza de que los lectores posean la Nueva Jerusalén a través del amor espiritual.

Una empresa de publicidad en el Reino Unido hizo una encuesta al público preguntándoles cuál era la manera más rápida de viajar de Edimburgo (Escocia) a Londres (Inglaterra). Ellos darían una gran recompensa a la persona cuya respuesta fuera elegida. La respuesta que en realidad fue escogida era: "Viajar con alguien que amas". Entendemos que si viajamos en compañía de alguien a quien amamos, incluso una larga distancia se sentiría corta. De la misma manera, si nosotros amamos a Dios, no será difícil para nosotros poner Su Palabra en práctica (1 Juan 5:3). Dios no nos ha dado la Ley y no nos ha dado los mandamientos con el fin de causarnos un mal momento.

La palabra 'Ley' proviene de la palabra hebrea 'Torá', la cual tiene el significado de 'estatuto', y 'lección'. La Torá normalmente se refiere al Pentateuco en el cual están incluidos los Diez Mandamientos. No obstante, la 'Ley' también se refiere a los 66 libros de la Biblia como un todo, o simplemente los estatutos de Dios que nos dicen qué hacer, qué no hacer, qué guardar o desechar. Las personas quizás puedan pensar que la Ley y el amor no se relacionan entre sí, pero en realidad no pueden estar separados. El amor le pertenece a Dios, y sin amar a Dios no podemos guardar la Ley completamente. La Ley puede se puede cumplir solo cuando la practicamos con amor.

Existe una historia que nos muestra el poder del amor. Un joven se estrelló cuando estaba volando a través del desierto en un pequeño avión. Su padre era una persona muy rica. Él contrató a un equipo de búsqueda y rescate para encontrar a su hijo, pero fue en vano. Entonces esparció millones de volantes en el desierto. Lo que escribió en los volantes fue: "Hijo, te amo". El hijo, que estaba vagando en el desierto, encontró uno de estos volantes y recibió la fortaleza que le permitió poder ser recatado después. El verdadero amor del padre salvó al hijo. Así como este padre esparció los volantes por todo el desierto, nosotros también tenemos la responsabilidad de compartir el amor de Dios a todas las almas.

Dios demostró Su amor al enviar a su Hijo unigénito Jesús a esta Tierra para salvar a la humanidad que era pecadora. Sin embargo, el legalismo en el tiempo de Jesús solo estaba enfocado en las formalidades de la Ley y no pudieron entender el verdadero amor de Dios. Eventualmente condenaron al unigénito Hijo de Dios, Jesús, como un blasfemo que estaba aboliendo la ley y lo crucificaron. Ellos no entendían el amor de Dios arraigado en la Ley.

En 1 Corintios 13 está bien representado el ejemplo del 'amor espiritual'. Nos habla acerca del amor de Dios que envió a Su Hijo unigénito para salvarnos ya que estábamos destinados a morir por nuestros pecados, y el amor del Señor que nos amó al punto de dejar de lado toda Su gloria celestial para morir en la cruz. Si nosotros también queremos ofrecer el amor de Dios a las numerosas almas que mueren en el mundo, tenemos que darnos cuenta de este amor espiritual y practicarlo.

> *"Un mandamiento nuevo os doy: Que os améis unos a otros; como yo os he amado, que también os améis unos a otros. En esto conocerán todos que sois mis discípulos, si tuviereis amor los unos con los otros"* (Juan 13:34-35).

Este libro ha sido publicado para que los lectores puedan examinar en qué medida han cultivado su amor espiritual y hasta qué punto han cambiado ellos mismos con la verdad. Quiero agradecer a Geumsun Vin, Directora del Departamento Editorial y al equipo de trabajo. Es mi anhelo que todos los lectores puedan cumplir la Ley con amor y al final poseer la Nueva Jerusalén, la morada más hermosa en el reino de los cielos.

Jaerock Lee

Introducción

Anhelo que por medio de la verdad de Dios los lectores puedan ser transformados al cultivar el amor perfecto.

Un canal de televisión realizó una investigación realizando una encuesta sobre las mujeres casadas. La pregunta era si querían o no casarse con el mismo marido si pudieran elegir nuevamente con quién casarse. El resultado fue impactante. Solo el 4% de las mujeres eligieron al mismo marido. Deben haberse casado con sus maridos porque los amaban. ¿Por qué cambiaron de parecer de ese modo? Fue debido a que no amaron con amor espiritual. Esta obra *Amor: El Cumplimiento de la Ley,* nos enseñará acerca de este amor espiritual.

En la Parte 1, 'Significado del amor', se examina diversas formas de amor que se encuentran entre marido y mujer, padres e hijos, y entre los amigos y vecinos, lo que nos da una idea de la diferencia entre el amor carnal y el amor espiritual. El amor espiritual es amar a otra persona con un corazón inmutable sin desear nada a cambio. Por el contrario, el amor carnal cambia dependiendo de las diferentes situaciones y circunstancias, y por esta razón el amor espiritual es precioso y hermoso.

La Parte 2, 'El amor según el capítulo del amor', categoriza 1 Corintios 13 en tres partes. La primera, 'El tipo de amor que Dios desea' (1 Corintios 13:1-3), es la introducción al capítulo que pone énfasis en la importancia del amor espiritual. La segunda parte, 'Características del amor' (1 Corintios 13:4-7), es la parte principal del Capítulo del Amor y nos habla acerca de las quince características del amor espiritual. La tercera parte, 'Amor perfecto', es la conclusión del Capítulo del Amor, el cual nos permite saber que la fe y la esperanza son necesarias temporalmente cuando nos encontramos marchando hacia el reino de los cielos durante nuestra vida terrenal, mientras que el amor dura eternamente, incluso en el reino de los cielos.

La Parte 3, 'El amor es el cumplimiento de la Ley', explica lo que es cumplir la Ley con amor. Además ofrece el amor de Dios que cultiva a los seres humanos en esta Tierra y el amor de Cristo, que abrió el camino de la salvación para nosotros.

El 'Capítulo del Amor' es simplemente uno de los casi mil doscientos capítulos que tiene la Biblia. Sin embargo, es como el mapa de un tesoro que nos muestra dónde encontrar grandes cantidades de tesoros, ya que nos enseña el camino a la Nueva

Jerusalén detalladamente. Aunque tengamos el mapa y conozcamos el camino, no sirve de nada si en realidad no vamos por el camino indicado. Es decir, es inútil si no practicamos el amor espiritual.

Dios se complace con el amor espiritual y nosotros podemos poseerlo en la medida que escuchemos y pongamos en práctica la Palabra de Dios que es la Verdad. Una vez que poseemos el amor espiritual podemos recibir el amor y las bendiciones de Dios, y por último, entrar en la Nueva Jerusalén, la morada más hermosa en el Cielo. El amor es el propósito más importante de Dios en cuanto a la creación y cultivación del hombre. Ruego que todos los lectores amen a Dios en primer lugar y amen a su prójimo como a sí mismos para que puedan obtener la llave para poder abrir las puertas de perla de la Nueva Jerusalén.

Geumsun Vin
Directora del Departamento Editorial

Tabla de contenidos ~ *Amor: El Cumplimiento de la Ley*

Prefacio · VII

Introducción · XI

Parte 1 Significado del amor

Capítulo 1: Amor espiritual · 2

Capítulo 2: Amor carnal · 10

Parte 2 El amor según el capítulo del amor

Capítulo 1: El tipo de amor que Dios desea · 24

Capítulo 2: Características del amor · 42

Capítulo 3: Amor perfecto · 164

Parte 3 El amor es el cumplimiento de la Ley

Capítulo 1: El amor de Dios · 176

Capítulo 2: El amor del Cristo · 188

"Porque si amáis a los que os aman,

¿qué mérito tenéis?

Porque también los pecadores aman a los que los aman".

Lucas 6:32

Parte 1
Significado del amor

Capítulo 1 : Amor espiritual

Capítulo 2 : Amor carnal

Amor espiritual

*"Amados, amémonos unos a otros;
porque el amor es de Dios. Todo aquel que ama,
es nacido de Dios, y conoce a Dios.
El que no ama, no ha conocido a Dios;
porque Dios es amor".*

1 Juan 4:7-8

El simple hecho de escuchar la palabra amor hace que nuestros corazones palpiten y que nuestras mentes se emocionen. Si podemos amar a alguien y compartir amor verdadero toda la vida, sería una vida que se llena con el máximo grado de felicidad. En ciertas ocasiones escuchamos acerca de personas que superan situaciones como la muerte misma y hacen que sus vidas sean hermosas a través del poder del amor. El amor es un requisito para llevar una vida de felicidad; tiene el gran poder de transformar nuestras vidas.

El diccionario *The Merriam-Webster's Online Dictionary* define la palabra amor como 'gran afecto por otra persona, que surge por parentesco o lazos personales' o 'afecto basado en la admiración, la benevolencia, o los intereses comunes'. No obstante, el tipo de amor del que Dios habla es un amor de niveles más altos, que es el amor espiritual. El amor espiritual busca el beneficio de los demás; da gozo, esperanza, vida y jamás cambia. Además no solo es de beneficio para nosotros momentáneamente en la vida terrenal, sino que conduce nuestras almas a la salvación y nos da la vida eterna.

La historia de una mujer que llevó a su esposo a la iglesia

Había un mujer que era fiel en su vida cristiana. No obstante, a su marido no le gustaba que ella fuera a la iglesia y le hacía pasar malos momentos. A pesar de atravesar esta dificultad, cada día ella iba a la reunión de oración a la madrugada y oraba por su marido. Cierto día, fue a orar en la madrugada llevando los zapatos de su marido. Sosteniendo los zapatos en su pecho, ella oraba con lágrimas: "Dios, hoy solo estos zapatos han venido a la iglesia, pero la próxima vez permite que el dueño de estos zapatos también pueda venir".

Tiempo después sucedió algo sorprendente; el marido llegó a la iglesia. Esta parte de la historia continua de la siguiente manera: En cierto momento, cada vez que el marido salía de su casa para ir al trabajo, sentía que sus zapatos estaban calientes. Un día, él vio a su esposa que se dirigía a algún lugar llevando sus zapatos, y decidió seguirla; ella estaba yendo a la iglesia.

Él se sentía molesto, pero no pudo evitar la curiosidad; tenía que averiguar lo que ella estaba haciendo en la iglesia con sus zapatos. Entró en silencio a la iglesia, vio a su esposa que estaba orando sosteniendo sus zapatos fuertemente contra su pecho. El esposo alcanzó a oír la oración; cada palabra fue para su bienestar y bendiciones. Al escuchar esto, su corazón se conmovió, y no pudo dejar de sentir pesar por la forma en que había tratado a su esposa. Finalmente, el marido se conmovió por el amor de su esposa y se convirtió en un cristiano comprometido.

La mayoría de las esposas en este tipo de situaciones por lo general me piden a mí que ore por ellos: "Mi esposo me hace la vida difícil por el simple hecho de que vengo a la iglesia. Le pido de favor que ore para que mi esposo deje de causarme persecución". Entonces yo les respondo: "La manera de solucionar sus problemas es que rápidamente se santifique y que entre al espíritu". Ellas les darán mayor amor espiritual a sus maridos en la medida que desechen su pecado y entren al espíritu. ¿Qué marido le haría pasar un mal momento a su esposa que se sacrifica y le sirve de corazón?

En el pasado, la esposa le echaba toda la culpa a su marido, pero ahora que ha cambiado con la verdad ella confiesa que era la culpable y se humilla a sí misma. De esta manera, la luz espiritual aparta a las tinieblas y además el esposo puede ser cambiado. ¿Quién oraría por otra persona que les está haciendo pasar un mal momento? ¿Quién se sacrificaría a sí mismo por el prójimo abandonado y compartiría el verdadero amor con aquel? Los hijos de Dios que han aprendido del verdadero amor de parte del Señor pueden compartir ese tipo de amor por los demás.

El amor inmutable y la amistad de David y Jonatán

Jonatán fue el hijo de Saúl, primer rey de Israel. El momento que él vio a David derribar al campeón de los filisteos, Goliat, con una onda y una piedra, él supo que David era un guerrero sobre el cual estaba el espíritu de Dios. Siendo él mismo un general del ejército, el corazón de Jonatán fue acaparado por la valentía de David. A partir de ese momento, Jonatán amó a David como a sí mismo y comenzaron a construir un fuerte vínculo de amistad. Jonatán amó tanto a David que no escatimó nada si era para él.

"Aconteció que cuando él hubo acabado de hablar con Saúl, el alma de Jonatán quedó ligada con la de David, y lo amó Jonatán como a sí mismo. Y Saúl le tomó aquel día, y no le dejó volver a casa de su padre. E hicieron pacto Jonatán y David, porque él le amaba como a sí

mismo. Y Jonatán se quitó el manto que llevaba, y se lo dio a David, y otras ropas suyas, hasta su espada, su arco y su talabarte" (1 Samuel 18:1-4).

Jonatán era el heredero al trono porque era el primer hijo del rey Saúl, el cual fácilmente podría haber odiado a David, porque era muy amado por la gente. No obstante, él no tenía ningún interés por poseer el título de rey; al contrario, cuando Saúl estaba intentando matar a David para mantener su trono, él arriesgó su propia vida para salvarlo. Ese tipo de amor jamás cambió hasta que él murió. Cuando Jonatán partió de este mundo en la batalla de Gilboa, David llevó luto, lloró y ayunó hasta la noche.

"Angustia tengo por ti, hermano mío Jonatán, que me fuiste muy dulce. Más maravilloso me fue tu amor que el amor de las mujeres" (2 Samuel 1:26).

Luego de que David se convirtió en rey, encontró a Mefiboset, único hijo de Jonatán, y le regresó todas las posesiones de Saúl y lo cuidó como si fuera su propio hijo en el palacio (2 Samuel 9). De igual manera, el amor espiritual es amar a la otra persona con un corazón inmutable con toda su vida, incluso si no se beneficia a sí mismo, sino que al contrario, se causa daños a su persona. Ser amable solo con la esperanza de obtener algo a cambio no es en realidad amor verdadero. El amor espiritual es sacrificarse a sí mismo y seguir dando a los demás de manera incondicional, con motivaciones puras y verdaderas.

El inmutable amor de Dios y del Señor hacia nosotros

La mayoría de personas experimentan un dolor desgarrador en sus corazones debido al amor carnal en sus vidas. Cuando tenemos dolor y nos sentimos solos por causa del amor que fácilmente cambia, existe alguien que siempre nos consuela y se convierte en nuestro amigo. Él es el Señor... Él fue despreciado y desechado por la gente a pesar de ser inocente (Isaías 53:3), por eso Él puede comprender muy bien nuestros corazones. Él se olvidó de Su gloria celestial y vino a este mundo para tomar el camino del sufrimiento. Al hacer esto, el Señor se convirtió en nuestro verdadero consolador y amigo, dándonos amor verdadero hasta morir en la cruz.

Antes de que yo me convierta en un creyente, sufría de muchas enfermedades y experimenté a fondo el dolor y la soledad causada por la pobreza. Después de estar enfermo por siete largos años, todo lo que me quedaba era un cuerpo enfermo, una deuda cada vez mayor, el desprecio de la gente, la soledad y la desesperación. Todos aquellos en quienes había confiado y amado, me habían abandonado. Sin embargo, alguien se me acercó cuando me sentía completamente solo en todo el universo. Ese fue Dios. Al tener un encuentro con Dios, fui sanado de inmediato de todas mis enfermedades y comencé a llevar una nueva vida.

El amor que Dios me ha dado fue un don gratuito; pues yo no lo amé primero. Al contrario, Él se acercó a mí primero y me extendió Sus manos. Al comenzar a leer la Biblia, pude oír la declaración de amor de Dios para mí.

"¿Se olvidará la mujer de lo que dio a luz, para dejar de compadecerse del hijo de su vientre? Aunque olvide ella, yo nunca me olvidaré de ti. He aquí que en las palmas de las manos te tengo esculpida; delante de mí están siempre tus muros" (Isaías 49:15-16).

"En esto se mostró el amor de Dios para con nosotros, en que Dios envió a su Hijo unigénito al mundo, para que vivamos por él. En esto consiste el amor: no en que nosotros hayamos amado a Dios, sino en que él nos amó a nosotros, y envió a su Hijo en propiciación por nuestros pecados" (1 Juan 4:9-10).

Dios nunca me dejó, ni siquiera cuando yo estaba luchando en mis sufrimientos luego de que todas las personas me habían dejado. Cuando sentí Su amor, no pude evitar que mis ojos derramaran lágrimas. Pude sentir que el amor de Dios es verdadero debido a los dolores que había sufrido. Ahora me he convertido en un pastor, un siervo de Dios, para consolar los corazones de muchas almas y para devolver la gracia que Dios me ha dado.

Dios es amor. Él envió a Su Hijo unigénito, Jesús, a este mundo por nosotros que somos pecadores. Y anhela que nosotros vayamos al reino de los cielos donde Él ha puesto tantas cosas bellas y preciosas. Podemos sentir el amor delicado y abundante de Dios si abrimos nuestro corazón, aunque sea un poco.

"Porque las cosas invisibles de él, su eterno poder y deidad, se hacen claramente visibles desde la creación

del mundo, siendo entendidas por medio de las cosas hechas, de modo que no tienen excusa" (Romanos 1:20).

¿Por qué no simplemente piensa en la hermosura de la naturaleza? El cielo azul, el mar cristalino y todos los árboles y plantas son cosas que Dios hizo para nosotros; para que mientras vivamos aquí en la Tierra pudiéramos tener esperanza por el reino de los cielos hasta que lleguemos allá.

En las olas que tocan la orilla del mar, y las estrellas que destellan como si bailaran, en el fuerte trueno de las tormentas y la brisa que pasa por nuestro cuerpo podemos sentir el aliento de Dios que nos dice "Te amo". Puesto que hemos sido escogidos como hijos de este Dios de amor, ¿qué tipo de amor deberíamos tener? Debemos poseer un amor eterno y verdadero y no un amor superficial que cambia cuando la situación no es beneficiosa para nosotros.

CAPÍTULO 2

Amor carna

"Porque si amáis a los que os aman,
¿qué mérito tenéis?
Porque también los pecadores aman a los que los aman".
Lucas 6:32

Un hombre está parado frente a una gran multitud, frente al Mar de Galilea. Parece que las olas azules en el mar detrás de Él estuvieran bailando al son de la brisa suave. Todas las personas se encontraban en silencio para poder escuchar Sus palabras. A la multitud de personas que se encontraban sentadas por todas partes en una pequeña colina, les estaba diciendo, con un tono suave pero firme, que debían ser la luz y la sal del mundo, y que amaran incluso a sus enemigos.

"Porque si amáis a los que os aman, ¿qué recompensa tendréis? ¿No hacen también lo mismo los publicanos? Y si saludáis a vuestros hermanos solamente, ¿qué hacéis de más? ¿No hacen también así los gentiles?" (Mateo 5:46-47)

Tal como Jesús estaba diciendo, los no creyentes e incluso aquellos que son malos pueden mostrar amor hacia los que son buenos o que les sirven para beneficio personal. Existe incluso un amor falso, que en lo externo se ve bien pero que por dentro no es veraz. El amor carnal es el que cambia a medida que pasa el tiempo y se resquebraja y se disuelve como resultado de acontecimientos menores.

El amor carnal puede cambiar en cualquier momento con el paso del tiempo. Si las situaciones o las condiciones cambian, el amor carnal también puede cambiar. Las personas frecuentemente cambian sus actitudes de acuerdo a las ventajas o beneficios recibidos. Además, la mayoría solo da cosas luego de recibir primero algo de parte de los demás, o dan solo si lo que entregan parece ser beneficioso para sí mismos. Si nosotros damos y queremos recibir la misma cantidad que damos de vuelta, o si nos sentimos decepcionados cuando los demás no nos dan nada a cambio, se debe a que nosotros también tenemos amor carnal.

El amor entre padres e hijos

El amor de padres que siguen proveyendo a sus hijos conmueve el corazón de muchos. Los padres no dicen que cuidar de sus hijos con todas sus fuerzas es una tarea difícil, porque aman a sus hijos. Es por lo general el deseo de los padres dar buenas cosas a sus hijos aunque esto signifique que ellos mismos no puedan alimentarse bien y vestir buena ropa. No obstante, todavía hay un lugar en el rincón de los corazones de los padres que aman a sus hijos donde ellos también buscan sus propios beneficios.

Si realmente aman a sus hijos, deben ser capaces de dar hasta su propia vida sin esperar nada a cambio. Sin embargo, existen muchos padres que crían a sus hijos para su beneficio y honor personal. Ellos dicen: "Te estoy diciendo esto por tu propio bien", pero en realidad tratan de controlar a sus hijos de manera que cumpla sus deseos de fama, o también para su beneficio monetario. Cuando los hijos escogen una carrera o se casan, si eligen un camino o una pareja que a los padres no les agrada, se oponen en gran manera y llegan a decepcionarse. Esto demuestra que su devoción y sacrificio por sus hijos, después de todo, era condicional. Tratan de conseguir lo que quieren a través de los hijos, a cambio del amor que se les dio.

Por lo general el amor de los niños es mucho menor que el de los padres. Existe un refrán coreano que dice: "Si los padres sufren de alguna enfermedad por mucho tiempo, todos los hijos los dejarán solos". Si los padres están enfermos y son ancianos y si no existe posibilidad de recuperación, y si los hijos tienen que hacerse cargo de ellos, sienten cada vez más que es difícil hacer frente a la situación. Cuando son niños pequeños, incluso dicen cosas como: "Jamás voy a casarme y simplemente viviré con ustedes, papá y mamá". En realidad podrían pensar que quieren vivir con sus padres por el resto de sus vidas. No obstante, a medida que van creciendo, pierden cada vez más el interés en sus padres debido a que están ocupados intentando ganarse la vida. El corazón de la gente es tan insensible a los pecados en estos días, y la maldad es tan frecuente que a veces los padres matan a sus hijos o los hijos matan a sus padres.

El amor entre el marido y la mujer

¿Qué hay del amor entre las parejas que están casadas? Cuando están saliendo, dicen palabras dulces como: "No puedo vivir sin ti. Siempre te amaré". Pero ¿qué sucede después de que se casan? Sus cónyuges se resienten y dicen: "No puedo vivir mi vida como yo quiero por tu culpa. Me has engañado".

Solían confesar su amor el uno por el otro, pero después de casarse, a menudo mencionan la separación o el divorcio solo porque piensan que su entorno familiar, la educación o personalidad no coinciden. Si la comida no es tan buena como el marido quiere, se queja con su esposa diciendo: "¿Qué tipo de comida es esta? ¡No hay nada para comer!" Además, si el esposo no puede ganar suficiente dinero, la esposa regaña a su marido diciendo cosas como: "El marido de mi amiga ya ha conseguido un ascenso como director y otro para un cargo ejecutivo. ¿Cuándo vas a obtener un ascenso? Además otra amiga mía compró una casa más grande y un auto nuevo, pero ¿qué hay de nosotros? ¿Cuándo podremos tener mejores cosas?"

En las estadísticas de violencia doméstica en Corea, casi la mitad de todas las parejas casadas utilizan la violencia en contra de su cónyuge. Muchas parejas casadas pierden su primer amor, y luego llegan a odiarse y pelearse entre sí. ¡Actualmente existen algunas parejas que se separan durante su luna de miel! El tiempo promedio desde el momento del matrimonio al divorcio es cada vez menor. Ellos pensaban que amaban mucho a su cónyuge, pero al vivir juntos ven puntos negativos entre sí debido a que las maneras de pensar y los gustos diferentes están todo el tiempo en constante conflicto de un asunto a otro. Al hacer esto, todas sus emociones, las cuales pensaban que eran amor, se enfrían.

Aunque es posible que no exista ningún problema claro entre ellos, se acostumbran el uno al otro y la emoción del primer amor se enfría a medida que pasa el tiempo. Entonces vuelcan su mirada hacia otra mujer u otro hombre. El marido se siente decepcionado por su mujer, que se ve desaliñada por la mañana, y a medida que va envejeciendo y adquiere más peso, él siente que ya no es encantadora. El amor tiene que irse profundizando con el tiempo, pero en la mayoría de los casos no es así, después de todo, los cambios que experimentan apoyan el hecho de que este amor era amor carnal que busca su propio beneficio.

El amor entre los hermanos

Los hermanos que nacen de los mismos padres y se crían juntos deberían estar más cerca entre sí que entre las demás personas. Pueden confiar el uno al otro en muchas cosas ya que han compartido mucho y han acumulado amor entre ellos. No obstante, algunos hermanos tienen un sentido de competencia entre ellos y se ponen celosos de sus otros hermanos o hermanas.

Los hijos primogénitos pueden sentir fácilmente que una parte del amor de sus padres que era solo para ellos ahora se les quita y es dado a sus hermanos menores. Los segundos hijos podrían sentirse inestables porque sienten que son inferiores a su hermano o hermana mayor. Aquellos hermanos que tienen tanto hermanos mayores como menores pueden sentir inferioridad con respecto a sus hermanos mayores y una carga que tienen que ceder a sus hermanos menores. También pueden sentirse victimizados porque no pueden atraer la atención de sus padres. Si los hermanos no se ocupan de tales emociones adecuadamente, son propensos a tener relaciones desfavorables con sus hermanos y hermanas.

El primer asesinato de la historia de la humanidad se llevó a cabo entre hermanos. Fue causado por los celos de Caín hacia su hermano menor Abel, concerniente a las bendiciones de Dios en su vida. Incluso desde ese entonces se han dado continuas luchas y peleas entre los hermanos y hermanas a través de toda la historia de la humanidad. José fue odiado por sus hermanos y vendido como un esclavo a Egipto. El hijo de David, Absalón, hizo que uno de sus hombres matara a su propio hermano, Amnón. En la actualidad, muchos hermanos y hermanas pelean entre ellos por el dinero de la herencia de sus padres. Ellos mismos se convierten en enemigos.

Aunque no es tan grave como en los casos anteriores, a medida que se casan y comienzan sus propias familias, no son capaces de prestar tanta atención a sus hermanos como antes. Nací como el último hijo entre seis hermanos y hermanas. Fui muy amado por mis hermanos y hermanas mayores; sin embargo, cuando me encontraba postrado en cama durante siete largos años, debido a una variedad de enfermedades, las situaciones cambiaron y me convertí en una carga cada vez más pesada para todos. Ellos intentaron hasta cierto punto curar mis enfermedades, pero cuando parecía que ya no había esperanza, comenzaron a darme la espalda.

Amor entre vecinos

Las personas en Corea utilizan la expresión "vecinos primos", que significa que nuestros vecinos son tan cercanos como los miembros de nuestra familia. En el pasado, cuando la mayoría de las personas eran agricultores, los vecinos eran tan apreciados ya que se podían ayudar entre ellos. No obstante, esta expresión se vuelve cada vez menos relevante. En la actualidad las personas mantienen sus puertas cerradas y aseguradas, incluso en contra de sus vecinos. Además, utilizamos sistemas sofisticados de seguridad. Las personas ni siquiera saben quiénes viven en las casas de al lado.

No se preocupan por los demás ni tampoco tienen la intención de saber quiénes son sus vecinos. Solo se preocupan por sí mismos, y solo sus familiares directos les son importantes. No confían entre ellos. Además, si las personas sienten que sus vecinos les están causando cualquier tipo de inconveniente, daños y perjuicios, no dudan en condenarlos al ostracismo o pelean con ellos. En la actualidad hay tantas personas que son vecinos que se enjuician entre ellos por asuntos insignificantes. Hubo una persona que apuñaló a su vecino que vivía en el departamento de arriba por el ruido que estaba haciendo.

El amor entre amigos

Ahora, ¿qué hay del amor entre amigos? Puede ser que usted haya pensado que un amigo en particular siempre estaría a su lado. No obstante, incluso alguien a quien usted considera un amigo puede traicionarle y dejarlo con el corazón destrozado.

En algunos casos puede ser que una persona le pida prestado a su amigo una cantidad significativa de dinero o que se convierta en su garante porque está a punto de irse a la bancarrota. Si el amigo se niega, la persona dice que ha sido traicionada y que ya no quiere volver a verlo nunca más. Sin embargo, ¿en este caso, quién es el que está actuando de mala manera?

Si usted realmente ama a su amigo, no querrá causarle ningún dolor. Si está a punto de irse a la bancarrota, y si su amigo se vuelve su garante, es seguro que su amigo sufrirá junto a usted y a los miembros de su familia. ¿Debe ser el amor el causante de que sus amigos experimente tales riesgos? Claro que no, esto no es amor. No obstante, este tipo de cosas suceden muy a menudo. Además, la Palabra de Dios nos prohíbe pedir prestado o prestar dinero y prendar o convertirnos en garantes de cualquier persona. Cuando desobedecemos las palabras de Dios, en la mayoría de los casos habrá obras de Satanás y todos aquellos que están involucrados enfrentarán daños.

> *"Hijo mío, si salieres fiador por tu amigo, si has empeñado tu palabra a un extraño, te has enlazado con las palabras de tu boca, y has quedado preso en los dichos de tus labios"* (Proverbios 6:1-2).

> *"No seas de aquellos que se comprometen, ni de los que salen por fiadores de deudas"* (Proverbios 22:26).

Algunas personas creen que es sabio hacer amigos basándose en lo que podrían obtener de parte de ellos. Es un hecho que en la actualidad es muy difícil encontrar a una persona que esté dispuesta voluntariamente a renunciar a su tiempo, esfuerzo y dinero con un amor genuino por sus vecinos o amigos.

Yo tenía muchos amigos desde la infancia. Antes de convertirme en un creyente en Dios, yo consideraba la fidelidad entre amigos como mi vida, creía que mis amistades durarían para siempre. No obstante, mientras me encontraba en mi lecho de enfermedad durante mucho tiempo, me di cuenta por completo que este amor entre amigos también cambia de acuerdo con los propios beneficios.

Al principio, mis amigos buscaron buenos médicos y buenos remedios caseros y me llevaron donde ellos, pero al ver que no me recuperaba en lo absoluto, uno a uno me fueron dejando. Luego, los únicos amigos que tenía eran la bebida y amigos de juego.

Incluso esos amigos no venían a mí porque me querían, sino solo porque necesitaban un lugar para pasar el rato. Con el amor carnal ellos decían que se amaban el uno al otro, pero pronto cambiaban de parecer.

¡Qué bueno sería si padres e hijos, hermanos y hermanas, amigos y vecinos no buscaran su propio beneficio y nunca cambiaran esa actitud! Si ese fuera el caso, significa que se posee amor espiritual. Sin embargo, en la mayoría de los casos, las personas no poseen amor espiritual, y no pueden encontrar una verdadera satisfacción en esto. Buscan amor de los miembros de su familia y de las personas que los rodean, pero a medida que siguen haciendo esto, solo se volverán más sedientos de amor, como si estuvieran bebiendo agua de mar para calmar la sed.

Blaise Pascal dijo que existe un vacío con forma de Dios en el corazón de cada persona, que no puede ser llenado por ninguna cosa creada sino solo por Dios el Creador, quien fue dado a conocer por medio de Jesús. No podemos sentir verdadera satisfacción y además sufriremos de falta de sentido a menos que ese espacio sea llenado por el amor de Dios. Entonces, ¿significa que en este mundo no hay el amor espiritual que nunca cambia? No. Aunque no sea algo común, el amor espiritual definitivamente sí existe. En 1 Corintios 13 se nos habla explícitamente acerca del verdadero amor.

> *"El amor es sufrido, es benigno; el amor no tiene envidia, el amor no es jactancioso, no se envanece; no hace nada indebido, no busca lo suyo, no se irrita, no guarda rencor; no se goza de la injusticia, mas se goza*

de la verdad. Todo lo sufre, todo lo cree, todo lo espera, todo lo soporta" (1 Corintios 13:4-7).

Dios llama a este tipo de amor, 'amor espiritual' y 'amor verdadero'. Si conocemos el amor de Dios y llegamos a cambiar con la verdad, podemos llegar a tener amor espiritual. Aunque no nos sea de beneficio sino que nos perjudique, tengamos amor espiritual con el cual podamos amarnos entre nosotros con todo nuestro corazón y poseer una actitud que no cambia.

Maneras de examinar el amor espiritual

Existen personas que equivocadamente creen que aman a Dios. Para poder examinar la medida en la que hemos cultivado un corazón verdaderamente espiritual y que ama a Dios, podemos examinar las emociones y acciones que tenemos cuando atravesamos por pruebas de refinamiento, persecuciones y dificultades. Podemos comprobar nosotros mismos en qué medida hemos cultivado el amor verdadero al examinar si estamos o no realmente gozosos y damos gracias desde lo profundo de nuestros corazones, y si continuamente seguimos la voluntad de Dios.

Si nos quejamos y nos resentimos por las situaciones, y si buscamos métodos mundanos y ponemos nuestra confianza en las personas, significa que no tenemos amor espiritual. Esto simplemente demuestra que nuestro conocimiento de Dios es intelectual, y no un conocimiento que hemos cultivado en nuestro corazón. Así como un billete falso se ve como dinero real, y sin embargo es solo un pedazo de papel, el amor que es percibido solo en el conocimiento no es amor verdadero, es algo sin valor alguno. Si nuestro amor por el Señor no cambia y si colocamos nuestra confianza en Dios en cualquier situación y problema, entonces podemos decir que hemos cultivado el amor verdadero, el amor espiritual.

"Y ahora permanecen la fe, la esperanza y el amor,

estos tres; pero el mayor de ellos es el amor".

1 Corintios 13:13

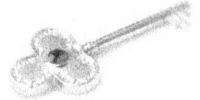

Parte 2
El amor según el capítulo del amor

Capítulo 1 : El tipo de amor que Dios desea

Capítulo 2 : Características del amor

Chapitre 3 : Amor perfecto

El tipo de amor que Dios desea

"Si yo hablase lenguas humanas y angélicas, y no tengo amor,
vengo a ser como metal que resuena, o címbalo que retiñe.
Y si tuviese profecía, y entendiese todos los misterios y toda ciencia,
y si tuviese toda la fe, de tal manera que trasladase los montes,
y no tengo amor, nada soy.
Y si repartiese todos mis bienes para dar de comer a los pobres,
y si entregase mi cuerpo para ser quemado,
y no tengo amor, de nada me sirve".

1 Corintios 13:1-3

A continuación le contaré de un incidente que sucedió en un orfanato en Sudáfrica. Los niños se fueron enfermando uno a uno; el número fue en aumento. No obstante, no podían encontrar ninguna razón en particular para su enfermedad. El orfanato pidió que algunos médicos reconocidos fueran para que los diagnosticaran. Después de una investigación a fondo, los médicos dijeron: "Mientras están despiertos, abracen a los niños y exprésenles su amor por ellos durante diez minutos".

Para sorpresa de todos, la enfermedad que no tenían causa alguna, comenzó a desaparecer. Se debió a que el amor caluroso era lo que esos niños necesitaban más que ninguna otra cosa. A pesar de que quizás no tengamos que preocuparnos por los gastos de la vida porque vivimos en abundancia, sin amor no podemos tener la esperanza de la vida o la voluntad para vivir. Es por esta razón que se puede decir que el factor más importante en nuestras vidas es el amor.

Importancia del amor espiritual

En 1 Corintios 13, conocido como 'El capítulo del amor', primeramente se hace énfasis en la importancia del amor antes de explicar el amor espiritual de manera detallada. Es porque si hablamos en lenguas humana y angélicas, pero no tenemos amor, nos convertimos en un metal que resuena o un címbalo que retiñe.

Las 'lenguas humanas' no se refieren al hablar en lenguas como uno de los dones del Espíritu Santo. Sino que se refiere a los idiomas de las personas que viven en la Tierra tales como el inglés, el japonés, francés, ruso, etc. La civilización y el conocimiento están sistematizados y se transmiten a través del lenguaje, por lo tanto podemos decir que el poder del lenguaje es realmente grande. Con el lenguaje podemos expresar y dar a conocer nuestras emociones y pensamientos para así poder persuadir y conmover el corazón de muchas personas. El lenguaje de un hombre posee el poder de motivar a las personas y el poder para alcanzar muchas cosas.

Las 'lenguas angélicas' se refieren a palabras hermosas. Los ángeles son seres espirituales y representan la 'belleza'. Cuando las personas hablan palabras hermosas con voces hermosas, los demás los describen como "angelicales". No obstante, Dios nos dice que incluso las palabras elocuentes de las personas o las palabras hermosas de los ángeles son como metal que resuena o címbalos que retiñen sin amor (1 Corintios 13:1).

De hecho, una fuerte y sólida pieza de acero o de cobre no da un ruido fuerte cuando se lo golpea. Si una pieza de cobre produce un ruido fuerte, significa que es hueco por dentro o que es liviano y delgado. Los platillos hacen ruidos fuertes, ya que están hechos de una fina pieza de latón, y lo mismo sucede con el hombre. Nosotros tenemos valor al compararnos con el trigo, con la mazorca llena de granos, solo cuando nos volvemos verdaderos hijos e hijas de Dios al llenar nuestros corazones de amor. Por el contrario, aquellos que no tienen amor son como la paja vacía. ¿Por qué es esto?

1 Juan 4:7-8 dice: *"Amados, amémonos unos a otros; porque el amor es de Dios. Todo aquel que ama, es nacido de Dios, y conoce a Dios. El que no ama, no ha conocido a Dios; porque*

Dios es amor". Es decir, aquellos que no tienen amor no tienen nada que ver con Dios, y son como la paja que no tiene grano en ella.

Las palabras de tales personas no tienen valor aunque sean elocuentes y hermosas, ya que no pueden dar verdadero amor o vida a los demás, sino que solo causan descontento a las demás personas como el metal que resuena o el címbalo que retiñe, ya que son livianos y por dentro están vacíos. Por otra parte, las palabras que contienen amor tienen un poder asombroso para dar vida. Podemos encontrar tales evidencias en la vida de Jesús.

El amor sustancial da vida

Cierto día Jesús se encontraba enseñando en el Templo, y los fariseos y escribas trajeron a una mujer delante de Él. Ella fue sorprendida en el acto mismo de adulterio, y ni siquiera una gota de compasión pudo encontrarse en los ojos de los escribas y fariseos que habían llevado a la mujer a ese lugar.

Ellos le dijeron a Jesús: *"Maestro, esta mujer ha sido sorprendida en el acto mismo de adulterio. Y en la ley nos mandó Moisés apedrear a tales mujeres. Tú, pues, ¿qué dices?"* (Juan 8:4-5)

La ley en Israel es la Palabra y la Ley de Dios. En ella existe una cláusula que dice que los adúlteros deben ser apedreados hasta la muerte. Si Jesús hubiera dicho que debían apedrearla de acuerdo a la Ley, significaba que se estaría contradiciendo con Sus propias palabras, ya que le había dicho a las personas que amaran incluso a sus enemigos. Si decía que debían perdonarla, estaría claramente quebrantando la Ley, y estaría en contra de la Palabra de Dios.

Los escribas y fariseos se sentían orgullosos de sí mismos de tener la oportunidad de hacer caer a Jesús. Al conocer muy bien sus corazones, Jesús simplemente se inclinó y escribió algo en el suelo con el dedo. Luego, se puso de pie y dijo: *"El que de vosotros esté sin pecado sea el primero en arrojar la piedra contra ella"* (Juan 8:7).

Cuando Jesús nuevamente se inclinó y continuó escribiendo en la tierra con el dedo, uno a uno estas personas fueron retirándose, y solo la mujer y Jesús se quedaron en ese lugar. Él salvó la vida de la mujer sin tener que quebrantar la Ley.

En lo externo, lo que los escribas y fariseos estaban diciendo no era incorrecto ya que simplemente estaban indicando lo que la Ley de Dios decía, pero la motivación en sus palabras era totalmente diferente a la de Jesús. Ellos estaban intentando perjudicar a los demás mientras que el Señor estaba intentando salvar las almas.

Si nosotros tenemos el tipo de corazón de Jesús, oraremos pensando acerca del tipo de palabras que podemos decir para fortalecer al resto y guiarlos hacia la verdad. Intentaremos dar vida con cada palabra que digamos. Algunas personas intentan persuadir a los demás con la Palabra de Dios o intentan corregir el comportamiento de las personas al señalar sus defectos y errores que piensan que no son buenos. Incluso si tales palabras son correctas, no pueden causar cambios en las demás personas o darles vida si esas palabras no se pronuncian por amor.

Por consiguiente, siempre debemos examinar nuestras vidas

para ver si estamos hablando debido a nuestra arrogancia y patrones de pensamiento, o si nuestras palabras provienen del amor para dar vida a los demás. Más que muchas palabras suaves, una palabra que contiene el amor espiritual puede convertirse en agua de vida para saciar la sed de las almas, y en joyas preciosas que dan alegría y consuelo a las almas adoloridas.

Amar con obras de sacrificio personal

Generalmente la 'profecía' se refiere a hablar acerca de eventos en el futuro. En el sentido bíblico es recibir el corazón de Dios con la inspiración del Espíritu Santo por un propósito específico y hablar de eventos en el futuro. Profetizar no es algo que se puede hacer de acuerdo a la voluntad del hombre. 2 Pedro 1:21 dice: *"Porque nunca la profecía fue traída por voluntad humana, sino que los santos hombres de Dios hablaron siendo inspirados por el Espíritu Santo"*. Este don de profecía no es dado al azar a cualquier persona. Dios no le da este don a una persona que no se ha santificado, ya que podría volverse una persona arrogante.

El 'don de profecía', como en el capítulo del amor espiritual, no es un don que se les da a algunas personas especiales. Significa que cualquiera que cree en Jesucristo y mora en la verdad puede prever y hablar sobre el futuro. Es decir, cuando el Señor venga en el aire, los salvos serán arrebatados en el aire y participarán en los siete años del Banquete de las Bodas, mientras que los que no son salvos sufrirán los siete años de la Gran Tribulación en la Tierra y la caída en el Infierno después del Juicio del Gran Trono Blanco. Pero aunque todos los hijos de Dios poseen el don de la profecía en la manera de 'hablar acerca de los eventos en el futuro', no todos ellos poseen amor espiritual. Después de todo, si las personas no tienen amor espiritual, cambiarán sus actitudes siguiendo su propio beneficio y por consiguiente el don de la profecía no les aprovechará de nada. El don por sí solo no puede desarrollarse ni exceder al amor.

En este caso, el 'misterio' se refiere a los secretos que han sido escondidos desde antes de los tiempos, que es la palabra de la cruz (1 Corintios 1:18). La palabra de la cruz es la providencia para la salvación de la humanidad, que había sido preparada por Dios antes de los tiempos bajo Su soberanía. Dios sabía que el hombre cometería pecados y que caería en el camino de la muerte. Es por esta razón que Él preparó a Jesucristo, quien se convertiría en el Salvador, incluso antes de los tiempos. Hasta que esta providencia fuera cumplida, Dios la mantuvo en secreto. ¿Por qué hizo esto? Si hubiera dado a conocer el camino de la salvación, no se habría podido cumplir debido a la interferencia del enemigo diablo y Satanás (1 Corintios 2:6-8). El enemigo diablo y Satanás pensó que podría por siempre mantener la autoridad que había recibido de parte de Adán si mataba a Jesús. No obstante, ¡dado a que instigó a personas malas y mató a Jesús, el camino de la salvación fue abierto! Sin embargo, aunque conocemos este gran misterio, el tener este conocimiento no nos sirve de nada si no poseemos amor espiritual.

Lo mismo sucede con el conocimiento. En este caso, el término 'toda ciencia' no se refiere al aprendizaje académico, sino al conocimiento de Dios y de la verdad en los 66 libros de la Biblia. Una vez que llegamos a conocer de Dios por medio de la Biblia, también deberíamos experimentarlo de primera mano y creerle de corazón. Caso contrario, el conocimiento de la Palabra de Dios permanecerá solo como una pieza de conocimiento en nuestra mente. Incluso podríamos utilizar el conocimiento de forma desfavorable, por ejemplo, al juzgar y condenar a los demás. Por consiguiente, el conocimiento sin tener amor espiritual no nos sirve de nada.

¿Qué pasa si tenemos una fe tan grande que podríamos mover una montaña? Poseer una fe grande no necesariamente significa que tengamos mucho amor. Entonces, ¿por qué los volúmenes de la fe y del amor no coinciden exactamente entre sí? La fe puede llegar a crecer al ver señales y prodigios y las obras de Dios. Pedro pudo ver muchas señales y prodigios realizados por Jesús y, por esta razón, él también pudo caminar, aunque sea por un momento, sobre las aguas mientras Jesús hacía lo mismo. Sin embargo, en ese momento Pedro no tenía amor espiritual ya que aún no había recibido el Espíritu Santo. Todavía no había circuncidado su corazón desechando sus pecados; por lo tanto, cuando su vida más tarde se encontraba amenazada, él negó a Jesús en tres ocasiones.

Podemos entender por qué nuestra fe puede crecer por medio de las experiencias, pero el amor espiritual viene a nuestros corazones solo cuando tenemos el esfuerzo, la devoción y el sacrificio para despojarnos de los pecados. No obstante, esto no significa que tampoco hay una relación directa entre la fe espiritual y el amor. Podemos intentar desechar los pecados y podemos intentar amar a Dios y las almas porque tenemos fe. Sin embargo, sin las obras para asemejarnos realmente al Señor y cultivar el amor verdadero, el trabajo para el reino de Dios no tendrá nada que ver con Dios, sin importar cuán fieles tratemos de ser. Será tal como Jesús dijo: *"Y entonces les declararé: Nunca os conocí; apartaos de mí, hacedores de maldad"* (Mateo 7:23).

El amor que trae recompensas celestiales

Por lo general, al acercarse el fin del año, muchas organizaciones e individuos donan dinero a los medios de comunicación para ayudar a los necesitados. Ahora, ¿qué sucede si sus nombres no son mencionados por los medios de comunicación? Lo más probable es que no habrá muchas personas ni empresas que seguirán haciendo donaciones.

El Señor dijo en Mateo 6:1-2: *"Guardaos de hacer vuestra justicia delante de los hombres, para ser vistos de ellos; de otra manera no tendréis recompensa de vuestro Padre que está en los cielos. Cuando, pues, des limosna, no hagas tocar trompeta delante de ti, como hacen los hipócritas en las sinagogas y en las calles, para ser alabados por los hombres; de cierto os digo que ya tienen su recompensa"*. Si acaso nosotros ayudamos a alguien para obtener honor de parte de las personas, puede ser que seamos honrados solo por un momento, pero no recibiremos ninguna recompensa de parte de Dios.

Esta manera de dar es solo para nuestra propia satisfacción o para presumir de ello. Si una persona realiza obras de caridad solo por formalidad, su corazón se elevará más y más a medida que gana mayores elogios. Si Dios bendice a este tipo de personas, es posible que se consideren a sí mismas idóneas a los ojos de Dios. Entonces, no circuncidarán su corazón y será perjudicial para ellas. Si usted realiza obras de caridad con amor por su prójimo, no le importará si las demás personas lo reconocen o no. Es porque usted cree que Dios el Padre que mira lo que hace en secreto, lo recompensará (Mateo 6:3-4).

Las obras de caridad en el Señor no se tratan solo de suministrar las necesidades básicas de la vida como ropa, comida y vivienda, es más acerca de suplir del pan espiritual para salvar el alma. En la actualidad, sean creyentes en el Señor o no, muchas personas dicen que el rol de la iglesia es ayudar al enfermo, los abandonados y los pobres. Por supuesto que no es malo, pero el primer deber de la iglesia es predicar el evangelio y salvar las almas para que puedan obtener paz espiritual. El objetivo final de las obras de caridad está en estos objetivos.

Por consiguiente, cuando ayudamos a otros, es muy importante hacer una obra de caridad al recibir la guía del Espíritu Santo. Si la ayuda inapropiada de alguien es dada a cierta persona, esto puede ser que facilite que dicha persona se aleje aún más de Dios. En el peor de los casos, puede incluso llevarlo al camino de la muerte. Por ejemplo, si ayudamos a aquellos que son pobres debido a la manera excesiva de beber o jugar juegos de azar, o aquellos que están en dificultades porque se han puesto en contra de la voluntad de Dios, entonces la ayuda solo causará que vayan aún más por el camino equivocado. Por supuesto, esto no quiere decir que no debemos ayudar a aquellos que no son creyentes. Debemos ayudar a los no creyentes al mostrarles el amor de Dios. No hay que olvidar, sin embargo, que el objetivo principal de las obras de caridad es propagar el evangelio.

En el caso de los nuevos creyentes que tienen una fe débil, es importante que les ayudemos a tener fortaleza hasta que su fe crezca. Incluso algunas veces entre aquellos que tienen fe, hay algunos que tienen enfermedades congénitas o debilidades, y otras personas que han tenido accidentes que les impiden ganarse la vida por sí mismos. También hay personas mayores que viven solas o niños que tienen que apoyar a la familia debido a la ausencia de los padres. Puede ser que estas personas se encuentren en necesidad de obras de caridad. Si nosotros ayudamos a las personas que se encuentran en necesidad, Dios hará que nuestra alma prospere y que todas las cosas vayan bien en nuestra vida.

En Hechos 10 vemos a Cornelio recibir bendiciones. Cornelio tenía temor de Dios y ayudó a los judíos en gran manera. Él era un centurión, un oficial de alto rango del ejército invasor que gobernaba sobre Israel. En su situación debe haber sido difícil para él ayudar a la población local. Los judíos debieron cautelosamente sospechar lo que él estaba haciendo y además sus colegas seguramente fueron críticos de lo que estaba haciendo. No obstante, debido a que tenía temor de Dios, no se detuvo de hacer obras buenas y de caridad. Después de todo, Dios vio todas las obras que él había hecho y envió a Pedro a su casa para que no solo su familia directa, sino todos los que estaban con él en su casa, recibieran el Espíritu Santo y la salvación.

No son solo las obras de caridad que deben realizarse con amor espiritual, sino también las ofrendas a Dios. En Marcos 12 leemos acerca de una viuda que fue elogiada por Jesús por haber dado una ofrenda con todo su corazón. Ella simplemente puso dos blancas, que era todo lo que tenía para vivir. Entonces, ¿por qué Jesús comentó sobre ella? En Mateo 6:21, Jesús dijo: *"Porque donde esté vuestro tesoro, allí estará también vuestro corazón"*. Como se menciona, cuando la viuda dio todo lo que tenía para vivir, esto significó que su corazón completamente estaba volcado hacia Dios. Esta era una expresión de amor por Dios. Por el contrario, las ofrendas dadas de mala gana o estando conscientes de las actitudes y opiniones de los demás, no agradan a Dios. Consecuentemente, tales ofrendas no son de beneficio para el que da.

Hablemos ahora acerca del autosacrificio. En este caso, 'si entregase mi cuerpo para ser quemado', significa 'sacrificarse a uno mismo por completo'. Por lo general los sacrificios se hacen por amor, pero también se pueden hacer sin amor alguno. Entonces, ¿cuáles son los sacrificios hechos sin amor?

El quejarse acerca de diferentes cosas luego de realizar la obra de Dios es un ejemplo de un sacrificio sin amor. Es cuando se ha gastado todas sus fuerzas, tiempo y dinero en las obras de Dios, pero nadie lo reconoce y alaba; entonces siente lástima y se queja de ello. Es cuando ve a sus compañeros de trabajo y siente que no son tan celosos como usted a pesar de que dicen que aman a Dios y al Señor. Incluso usted puede pensar para sí que ellos son perezosos. Al final, es solo su juicio y condenación sobre ellos. Esta actitud se guarda en secreto el deseo de hacer que sus méritos sean revelados a los demás, para ser alabados por ellos y hacer alarde con arrogancia de su fidelidad. Este tipo de sacrificio puede quebrantar la paz entre las personas y causar que Dios se entristezca. De este modo, un sacrificio sin amor no vale en absoluto.

Puede ser que usted no se queje con palabras, pero si nadie reconoce sus obras fieles, se desanimará y pensará que no es nadie y su celo por el Señor se enfriará. Si alguien señala las faltas y los puntos débiles en las obras que ha realizado haciendo un gran esfuerzo, las que incluso ha hecho hasta el punto de sacrificarse a sí mismo, puede llegar a desmoralizarse y echarle la culpa a las personas que lo critican. Cuando alguien produce más frutos que usted y es elogiado y favorecido por los demás, surgen celos y envidias. Entonces, sin importar cuán fiel y ferviente haya sido, no puede obtener la verdadera alegría dentro de usted. Puede incluso abandonar y dejar sus responsabilidades.

Incluso hay aquellos que son celosos solo cuando los demás están mirando. Cuando no son vistos por los demás y nadie lo nota, se vuelven personas ociosas y realizan sus responsabilidades de mala gana e inapropiadamente. En lugar de hacer obras que los demás no pueden observar en lo externo, se esfuerzan por hacer obras que son altamente visibles ante los demás. Esto se debe al deseo de mostrarse a sus superiores y a los demás, y ser elogiados por otras personas.

Por lo tanto, si una persona tiene fe, ¿cómo podrá sacrificarse sin tener amor? Es por la falta de amor espiritual. Carecen del sentido de la propiedad creyendo en su corazón que lo que es de Dios es de ellos y lo que es de ellos es de Dios.

Por ejemplo, compare las situaciones en las que un agricultor trabaja su propio campo y un campesino trabaja la tierra de otro para recibir el pago de su salario. Cuando el agricultor trabaja en su propio terreno, éste se afana desde la mañana hasta la noche.

No intenta omitir ninguna de las tareas de agricultura y realiza todo el trabajo sin fallar. No obstante, cuando un agricultor trabaja en un terreno que le pertenece a otra persona, no invierte toda su energía en el trabajo, sino que quiere que el sol se ponga tan pronto como sea posible para poder recibir su salario y volver a su casa. El mismo principio también se aplica al reino de Dios. Si las personas no tienen el amor por Dios en sus corazones, trabajarán para Él de manera superficial como jornaleros que solo quieren su salario. Ellos protestarán y se quejarán si no reciben la paga que esperan.

Es por esta razón que Colosenses 3:23-24 dice: *"Y todo lo que hagáis, hacedlo de corazón, como para el Señor y no para los hombres; sabiendo que del Señor recibiréis la recompensa de la herencia, porque a Cristo el Señor servís"*. Ayudar a las personas y sacrificarse a sí mismo sin tener amor espiritual no tiene nada que ver con Dios, lo cual significa que no podemos recibir ninguna recompensa de Su parte (Mateo 6:2).

Si queremos sacrificarnos con un corazón verdadero, debemos poseer amor espiritual en nuestros corazones. Si nuestros corazones están llenos de amor verdadero, podemos continuar dedicando nuestra vida al Señor con todo lo que tenemos, si los demás nos reconocen o no. Así como una vela se enciende y brilla en la oscuridad, podemos renunciar a todo lo que poseemos. En el Antiguo Testamento, cuando el sacerdote mataba a un animal para ofrecerlo a Dios como el sacrificio expiatorio, derramaba su sangre y quemaba la grasa en el fuego del altar. Nuestro Señor Jesús, como los animales ofrecidos como propiciación por nuestros pecados, derramó hasta la última gota de Su sangre y Su agua para redimir a todos los hombres de sus pecados. De esta manera, Él mostró un ejemplo de verdadero sacrificio.

¿Por qué Su sacrificio ha sido eficaz para hacer que muchas almas obtengan la salvación? Porque Su sacrificio fue hecho gracias a Su amor perfecto. Jesús cumplió con la voluntad de Dios al punto de sacrificar Su propia vida. Él ofreció una oración de intercesión por las almas, incluso en el último momento de la crucifixión (Lucas 23:34). Debido a Su verdadero sacrificio, Dios lo exaltó y le dio la posición más gloriosa en el Cielo.

Es por ello que Filipenses 2:9-10 dice: *"Por lo cual Dios también le exaltó hasta lo sumo, y le dio un nombre que es sobre todo nombre, para que en el nombre de Jesús se doble toda rodilla de los que están en los cielos, y en la tierra, y debajo de la tierra"*.

Si nosotros nos despojamos de la codicia y de los deseos impuros y nos sacrificamos con un corazón puro como el de Jesús, Dios nos exaltará y nos guiará a posiciones más altas. Nuestro Señor, en Mateo 5:8, dijo lo siguiente: *"Bienaventurados los de limpio corazón, porque ellos verán a Dios"*. Por lo tanto, recibiremos la bendición de poder ver a Dios cara a cara.

El amor que sobrepasa la justicia

Al Pastor Yang Won Sohn se lo conoce como 'la bomba atómica del amor'. Mostró un ejemplo del sacrificio hecho con el verdadero amor. Él cuidó de los leprosos con todas Sus fuerzas. Además fue puesto en prisión por rehusarse a adorar en los templos de guerra japoneses cuando Corea estaba bajo el gobierno de Japón. A pesar de su labor dedicado para Dios, tuvo que escuchar noticias impactantes. En octubre de 1948, dos de sus hijos fueron asesinados por soldados de izquierda en una rebelión contra las autoridades gobernantes.

La gente común se quejaban a Dios diciendo: "Si Dios está vivo, ¿cómo puede hacerme esto a mí?" Sin embargo, él simplemente dio gracias que sus dos hijos habían sido martirizados y se encontraban en el Cielo al lado del Señor. Además, perdonó al rebelde que había matado a sus dos hijos e incluso lo adoptó como su propio hijo. Dio gracias a Dios en nueve aspectos en el funeral de sus hijos, lo que ha conmovido profundamente los corazones de muchas personas.

"Primeramente, doy gracias porque mis hijos se han convertido en mártires aunque nacieron de mi linaje de sangre, porque yo estoy tan lleno de maldad.

Segundo, le doy gracias a Dios por darme a estos seres preciosos para que sean mi familia entre tantas familias creyentes.

Tercero, doy gracias que mi primer y segundo hijo fueran ambos sacrificados, que fueron los más hermosos entre mis tres hijos y tres hijas.

Cuarto, es difícil que un hijo se convierta en mártir, pero para mí que tengo dos hijos que se convirtieron en mártires, doy gracias.

Quinto, es una bendición el morir en paz con fe en el Señor Jesús, y doy gracias que ellos recibieron la gloria del martirio al recibir disparos y morir mientras predicaban el evangelio.

Sexto, ellos se estaban preparando para ir a los EE. UU. para estudiar, y ahora se fueron al reino de los cielos, que es un lugar mucho mejor que los EE. UU. Me siento aliviado y doy gracias por ello.

Séptimo, doy gracias a Dios que me permitió adoptar como mi hijo adoptivo al enemigo que mató a mis hijos.

Octavo, doy gracias porque creo que habrá fruto abundante del Cielo a través del martirio de mis dos hijos.

Noveno, doy gracias a Dios que me permitió darme cuenta de Su amor para poder regocijarme incluso en este tipo de dificultades".

Para cuidar de los enfermos, el Pastor Yang Won Sohn no evacuó ni siquiera durante la Guerra de Corea. Eventualmente fue martirizado por los soldados comunistas. Él cuidó de los enfermos que habían sido completamente olvidados por otros, y trató con bondad a su enemigo que había matado a sus hijos. Pudo sacrificarse a sí mismo de la manera que lo hizo porque estaba lleno de amor verdadero por Dios y por las demás almas.

En Colosenses 3:14 Dios nos dice: *"Y sobre todas estas cosas vestíos de amor, que es el vínculo perfecto"*. Incluso si decimos palabras hermosas de ángeles y tenemos la habilidad para profetizar y fe para mover montañas, y nos sacrificamos por aquellos que están en necesidad, las obras no son algo perfecto a los ojos de Dios si no se hacen por amor verdadero. A continuación vamos a profundizarnos en cada uno de los significados que comprende el amor verdadero para entrar en la dimensión infinita del amor de Dios.

Características del amor

"El amor es paciente, es bondadoso;
el amor no tiene envidia; el amor no es jactancioso,
no es arrogante; no se porta indecorosamente;
no busca lo suyo, no se irrita, no toma en cuenta el mal recibido;
no se regocija de la injusticia, sino que se alegra con la verdad;
todo lo sufre, todo lo cree, todo lo espera, todo lo soporta".
1 Corintios 13:4-7 (LBLA)

En Mateo 24 encontramos una escena en la que Jesús se encontraba lamentándose al mirar hacia Jerusalén, conociendo que Su tiempo estaba cerca. Él tuvo que ser colgado en la cruz en la providencia de Dios, pero cuando pensó en el desastre que se aproximaría sobre los judíos y Jerusalén, no pudo evitar lamentarse por ello. Los discípulos se preguntaban por qué y le hicieron una pregunta: *"Dinos, ¿cuándo serán estas cosas, y qué señal habrá de tu venida, y del fin del siglo?"* (v. 3)

Entonces, Jesús les habló acerca de muchas señales, y lamentándose les dijo que el amor de muchos se enfriaría: *"Y por haberse multiplicado la maldad, el amor de muchos se enfriará"* (v. 12).

En la actualidad podemos ver que el amor de muchas personas se ha enfriado. Muchos buscan el amor, pero no saben lo que es el amor verdadero, es decir, el amor espiritual. No podemos poseer amor verdadero solo porque queremos tenerlo, sino que podemos comenzar a obtenerlo cuando el amor de Dios llega a nuestro corazón. De esta manera, podemos comenzar a entender qué es y también empezar a despojarnos de la maldad de nuestro corazón.

Romanos 5:5 dice: *"...y la esperanza no avergüenza; porque el amor de Dios ha sido derramado en nuestros corazones por el Espíritu Santo que nos fue dado"*. Tal como se menciona, podemos sentir el amor de Dios por medio del Espíritu Santo en nuestro corazón.

Dios nos habla acerca de las características del amor espiritual en 1 Corintios 13:4-7. Sus hijos tienen la obligación de aprender acerca de ellas y ponerlas en práctica para que puedan llegar a ser mensajeros de amor que puedan guiar a las personas a sentir el amor espiritual.

1. El amor es paciente

Si alguien es impaciente, entre todas las demás características del amor espiritual, puede desanimar a los demás con facilidad. Supongamos que un supervisor le da cierto trabajo a alguien para que lo realice, y esa persona no hace el trabajo correctamente. Entonces el supervisor rápidamente le da el mismo trabajo a alguien más para que lo realice. La primera persona que se recibió el trabajo puede caer en la desesperación porque no se le dio una segunda oportunidad para compensar su error por no haberlo hecho bien. Dios puso la 'paciencia' como la primera característica del amor espiritual ya que es la característica básica para cultivar el amor espiritual. Si tenemos amor, la espera no será fastidiosa.

Una vez que comprendemos el amor de Dios, intentamos compartir ese amor con las personas a nuestro alrededor. A veces, cuando intentamos amar a los demás de esta manera, obtenemos reacciones adversas de parte de las personas que realmente pueden rompernos el corazón o causarnos un gran daño o perjuicio. Entonces, esas personas ya no se verán amorosas, y no seremos capaces de entenderlas bien. Para poseer amor espiritual, debemos ser pacientes e incluso amar a ese tipo de personas. Incluso si nos calumnian, nos odian, o tratan de ponernos en dificultades sin razón, tenemos que controlar nuestra mente para ser pacientes y amarlos.

En una ocasión un miembro de la iglesia me pidió que orara por su esposa ya que sufría de depresión. También dijo que era un borracho y que cuando comenzaba a beber se convertiría en una persona completamente diferente y que les hacía pasar momentos muy difícil a los miembros de su familia. Su esposa, sin embargo, era paciente con él todo el tiempo e intentaba cubrir sus faltas con amor. No obstante, sus hábitos nunca cambiaron y, con el paso de los años, se convirtió en un alcohólico. Su esposa había perdido el vigor por la vida y había sido derrotada por la depresión.

Él hacía pasar momentos muy difíciles a su familia por causa del alcohol, pero se acercó donde mí para recibir oración ya que aún amaba a su esposa. Luego de escuchar su historia le dije: "Si usted realmente ama a su esposa, ¿por qué es tan difícil dejar de beber y fumar?" Él no me dijo nada y parecía carecer de confianza en sí mismo. Yo sentí mucho pesar por su familia. Entonces oré para que su esposa sea sanada de la depresión, y oré por él para que recibiera el poder para que dejara de fumar y de beber rápidamente. ¡El poder de Dios es asombroso! Este hombre fue capaz de dejar de pensar en la bebida justo después de recibir la oración. Antes de eso no había manera de que dejara de beber, pero él renunció a esto inmediatamente después de recibir la oración. Además de ello, su esposa fue sanada inmediatamente de su depresión.

Ser pacientes es el comienzo del amor espiritual

Para cultivar el amor espiritual debemos ser pacientes con el resto de personas en cualquiera que sea la situación. ¿Sufre usted de incomodidad mientras persevera? O quizás, como la esposa en esta historia, ¿se desanima si es que ha sido paciente por mucho tiempo y la situación no cambia para bien en lo absoluto?

Entonces, antes de culpar a las circunstancia o a las demás personas, necesitamos examinar primeramente nuestro corazón. Si hemos cultivado por completo la verdad en nuestro corazón, no hay ninguna situación en la que no podemos ser pacientes. Es decir, si no podemos ser pacientes, significa que en nuestro corazón aún tenemos maldad, causada por la falsedad, en la misma medida en la que tenemos falta de paciencia.

Ser paciente significa que tenemos paciencia con nosotros mismos y todas las dificultades con las cuales nos encontramos cuando tratamos de mostrar el amor verdadero. Pueden surgir situaciones difíciles cuando tratamos de amar a todos en la obediencia a la Palabra de Dios, y es la paciencia del amor espiritual la que nos ayuda a tener paciencia en todas las situaciones.

Este tipo de paciencia es diferente a la paciencia como uno de los nueve frutos del Espíritu Santo en Gálatas 5:22-23. ¿De qué manera es diferente? La 'paciencia', que es uno de los nueve frutos del Espíritu Santo nos exhorta a ser pacientes en todo por el reino y la justicia de Dios, mientras que la paciencia del amor espiritual es ser pacientes para cultivar el amor espiritual y, por lo tanto,

La paciencia como en los nueve frutos del Espíritu Santo	1. Es para despejar toda falsedad y para cultivar el corazón con la verdad. 2. Es para comprender a los demás, buscar el beneficio de otros y para estar en paz con el resto. 3. Es para recibir respuestas a las oraciones, salvación y las cosas que Dios nos ha prometido.

tiene un significado más estrecho y más específico. Podemos decir que pertenece a la paciencia que es uno de los nueve frutos del Espíritu Santo.

En la actualidad la gente levanta demandas contra otros por causar daños menores a su propiedad o a su bienestar. Hay una avalancha de pleitos entre las personas. En muchas ocasiones enjuician a su propia esposa o esposo, o incluso a sus propios padres e hijos. Si usted es paciente con los demás, las personas posiblemente se burlen de usted y le digan que es un tonto. Sin embargo, ¿qué fue lo dijo Jesús?

En Mateo 5:39-40 leemos: *"Pero yo os digo: No resistáis al que es malo; antes, a cualquiera que te hiera en la mejilla derecha, vuélvele también la otra; y al que quiera ponerte a pleito y quitarte la túnica, déjale también la capa"*.

Jesús no solo nos dice que no devolvamos el mal con mal, sino que seamos pacientes. Además, nos dice que hagamos cosas buenas por aquellas personas que son malas. Quizás pensemos: "¿Cómo podemos hacer cosas buenas por ellos si es que estamos tan molestos y heridos?" Si tenemos fe y amor, estamos más que capacitados para hacerlo. Es la fe en el amor de Dios quien nos ha dado a Su Hijo unigénito como propiciación por nuestros pecados. Si nosotros creemos que hemos recibido este tipo de amor, entonces podemos perdonar incluso a las personas que nos causaron gran sufrimiento y nos han herido. Si amamos a Dios quien nos ha amado al punto de darnos a Su Hijo unigénito, y si amamos al Señor que ha dado Su vida por nosotros, podremos amar a todas las personas.

Paciencia sin límites

Algunas personas suprimen su odio, enojo o ira y otras emociones negativas hasta que finalmente llegan al límite de su paciencia y terminan por explotar. Algunas personas que son introvertidas no expresan su ser con facilidad sino que sufren en su corazón, esto conduce a condiciones desfavorables de salud causadas por el estrés excesivo. Este tipo de paciencia es como comprimir un resorte de metal con sus manos. El momento que quita sus manos, brincará y saltará.

El tipo de paciencia que Dios quiere que tengamos es que seamos pacientes hasta el final sin cambiar nuestra actitud. Para ser un poco más precisos, si tuviéramos este tipo de paciencia no tendríamos que ser pacientes con ninguna cosa. No guardaríamos el odio y el resentimiento en nuestros corazones, sino que eliminaríamos la naturaleza del mal original que causan estos resentimientos y los convertiríamos en amor y compasión. Esta es la esencia del significado espiritual de la paciencia. Si no tenemos maldad en nuestros corazones, sino solo amor espiritual en plenitud, no será difícil amar incluso a nuestros enemigos. De hecho, en primer lugar no permitiríamos que surja ninguna rivalidad.

Si nuestro corazón está lleno de odio, peleas, envidias y celos, veremos en primer lugar los puntos negativos de otras personas, a pesar de que en realidad son de buen corazón. Es como si estuviera usando gafas para el sol, lo que hace que todo se vea más oscuro. Por otra parte, si nuestro corazón está lleno de amor, incluso las personas que actúan con maldad parecerán ser personas amorosas. Sin importar cuál sea la deficiencia, defecto, falta o debilidad que puedan tener, no los odiaríamos. Aunque nos odien y actúen con maldad hacia nosotros, no les devolveríamos el odiarlos también.

La paciencia también se encuentra en el corazón de Jesús, que 'no quebrará la caña cascada o apagará el pábilo que humea'. Estuvo en el corazón de Esteban que oró incluso por aquellos que lo estaban apedreando, diciendo: *"Señor, no les tomes en cuenta este pecado. Y habiendo dicho esto, durmió"* (Hechos 7:60). Ellos le apedrearon por el simple hecho de haberles predicado el evangelio. ¿Acaso fue difícil para Jesús amar a los pecadores? ¡Por supuesto que no! Se debió a que Su corazón es la verdad misma.

Cierto día Pedro le hizo una pregunta a Jesús: *"Señor, ¿cuántas veces perdonaré a mi hermano que peque contra mí? ¿Hasta siete?"* (Mateo 18:21) Entonces Jesús le dijo: *"No te digo hasta siete, sino aun hasta setenta veces siete"* (v. 22).

Esto no quiere decir que debemos multiplicar setenta por siete y perdonar 490 veces. El número siete en lo espiritual simboliza la perfección. Por consiguiente, el hecho de perdonar setenta veces siete es sinónimo de perdón perfecto. Podemos sentir el amor ilimitado y el perdón de Jesús.

La paciencia que alcanza el amor espiritual

Claro está que no es fácil cambiar nuestras enemistades en amor de la noche a la mañana, sino que debemos ser pacientes durante mucho tiempo; sin desmayar. Efesios 4:26 dice: *"Airaos, pero no pequéis; no se ponga el sol sobre vuestro enojo"*.

En este caso dice 'airaos' para hacer frente a los que tienen una fe débil. Dios les está diciendo a aquellas personas que si incluso se enojan debido a su falta de fe, no deben guardar su enojo hasta que se ponga el sol, es decir, 'por mucho tiempo', sino simplemente dejar que esos sentimientos desaparezcan. Dentro de la medida de fe de cada uno, incluso cuando una persona podría dar lugar a resentimientos o enojo que surgen de su corazón, si trata de deshacerse de esos sentimientos con paciencia y perseverancia, puede cambiar su corazón hacia la verdad y poco a poco el amor espiritual crecerá en su corazón.

En cuanto a la carne que se ha enraizado profundamente en el corazón, una persona puede desecharla mediante la oración ferviente con la llenura del Espíritu Santo. Es muy importante que intentemos ver a las personas que no nos gustan con favor y mostrarles obras de bondad. Al hacer esto, el odio de nuestro corazón pronto desaparecerá, y podremos amar a ese tipo de personas. No tendremos conflictos y no habrá nadie a quien odiemos. Además, podremos llevar vidas felices en el Cielo tal como el Señor dice: *"Porque he aquí el reino de Dios está entre vosotros"* (Lucas 17:21).

Las personas dicen que están en el Cielo cuando se sienten muy felices. De manera similar, el que el reino de los cielos esté entre nosotros, se refiere al hecho de que nos despojamos de toda falsedad del corazón y lo llenamos con la verdad, el amor y la bondad. Entonces no habrá necesidad de ser pacientes porque siempre estaremos felices, alegres y llenos de gracia, y porque amaremos a todo aquel que esté a nuestro alrededor. Mientras más se despoje usted de la maldad y alcance la bondad, menos tendrá que ser paciente. Mientras más alcance el amor espiritual, no tendrá que ser paciente suprimiendo sus sentimientos; podrá esperar con paciencia y paz a que los demás cambien con amor.

En el Cielo no existe el llanto, ni la tristeza ni tampoco el dolor. Debido a que no hay ningún mal en absoluto, sino solo la bondad y amor en el Cielo, no odiará a nadie ni se enojará ni será irascible contra nadie. Por lo tanto, no tendrá que restringir ni controlar sus emociones. Por supuesto, nuestro Dios no tiene que ser paciente en nada ya que Él mismo es amor. La razón por la que la Biblia dice que el amor es paciente es porque, como personas, nosotros poseemos alma, pensamientos y criterios. Dios quiere ayudar a las personas a poder comprender. Mientras más se despoje de la maldad y alcance la bondad, menos tendrá que ser paciente.

Hacer que el enemigo se convierta en un amigo mediante la paciencia

Abraham Lincoln, el decimosexto presidente de los Estados Unidos, y Edwin Stanton no se llevaban bien entre ellos mientras eran abogados. Stanton provenía de una familia pudiente y había recibido muy buena educación. Por otra parte, el padre de Lincoln era un zapatero pobre que ni siquiera había terminado la escuela primaria. Por ello, Stanton se burlaba de Lincoln con palabras muy duras. Sin embargo, él nunca se enojó ni tampoco le respondió con animosidad.

Después de que Lincoln fuera elegido presidente, nombró a Stanton como Secretario de Guerra, una de las posiciones más importantes en el gabinete. Lincoln sabía que Stanton era la persona indicada para esta posición. Luego, cuando Lincoln recibió un disparo en el Teatro Ford, muchas personas corrieron para salvar sus vidas. No obstante, Stanton corrió directamente hacia donde estaba Lincoln. Sosteniendo a Lincoln en sus manos y con sus ojos llenos de lágrimas, dijo: "Aquí está el hombre más grande a los ojos del mundo. Él es el líder más grande de la historia".

La paciencia con el amor espiritual puede lograr el milagro de convertir a los enemigos en amigos. Mateo 5:45 dice: *"Para que seáis hijos de vuestro Padre que está en los cielos, que hace salir su sol sobre malos y buenos, y que hace llover sobre justos e injustos"*.

Dios es paciente aún con las personas que hacen cosas malas, esperando que algún día cambien. Si tratamos a las personas malas con maldad, significa que nosotros también somos malos, pero si somos pacientes y les mostramos amor mientras buscamos a Dios quien nos recompensará, luego recibiremos una hermosa morada en el Cielo (Salmo 37:8-9).

2. El amor es bondadoso

Entre las fábulas de Esopo está la historia acerca del sol y el viento. Un día, el sol y el viento hicieron una apuesta sobre quién sería el primero en quitarle el abrigo a un hombre que pasaba por allí. El viento fue el primero, y triunfante se hinchó y envió una fuerte ráfaga de viento suficiente para derribar un árbol. Sin embargo, el hombre se abrazó aún más fuerte de su abrigo. Luego, el sol, con una sonrisa en su rostro hizo gentilmente que saliera un resplandor cálido. El hombre, al estar muy abrigado, sintió calor y se quitó el abrigo.

Esta historia nos brinda una muy buena lección. El viento intentó forzar al hombre a sacarse su abrigo, pero el sol hizo que el hombre se quitara el abrigo por su propia cuenta. La bondad es algo similar. Ser bondadoso es tocar y ganar el corazón de los demás sin imponer la fuerza física, sino con bondad y amor.

La bondad acepta cualquier tipo de persona

Aquel que es bondadoso puede aceptar a cualquier persona, y muchas personas pueden estar a su lado. Una definición de la bondad en el diccionario es 'la calidad o estado de ser bueno', y ser amable es ser de naturaleza tolerante. Si usted piensa en un pedazo de algodón, podrá entender la bondad de mejor manera. El algodón no produce ningún ruido incluso cuando otros objetos lo golpean. Lo único que hace es abrazar a los demás objetos.

Además, una persona bondadosa es como un árbol en el cual

muchas personas pueden descansar. Si usted se coloca debajo de un árbol en un día caluroso de verano para evitar el sol abrasador, podrá sentirse mucho mejor y más fresco. De igual manera, si alguien posee un corazón bondadoso, muchas personas desearán estar cerca de él y descansar.

Por lo general, cuando una persona es muy amable y apacible y no se enoja con nadie que lo moleste, y no insiste en sus propias opiniones, se dice que es una persona humilde y de buen corazón. Pero sin importar cuán amable y humilde sea, si dicha bondad no es reconocida por Dios mismo, no podrá ser considerado como alguien verdaderamente humilde. Hay algunos que obedecen a otros solo porque su naturaleza es débil y conservadora. Hay otras personas que suprimen su enojo, aunque en sus mentes están molestos cuando otras personas les hacen pasar un mal rato. No obstante, ellos no pueden ser considerados como personas bondadosas. Las personas que no tienen maldad sino que solo tienen amor en sus corazones, aceptan y soportan a las personas malas con humildad espiritual.

Dios quiere la bondad espiritual

La bondad espiritual es el resultado de la llenura del amor espiritual que no tiene maldad alguna. Con esta bondad espiritual usted no se pone en contra de nadie, sino que lo acepta por más sinvergüenza que haya podido ser. Además usted puede soportar porque es sabio. No obstante, debemos recordar que no podemos ser considerados como personas bondadosas solo porque incondicionalmente entendemos y perdonamos a los demás y somos gentiles con el resto. Debemos también poseer la rectitud, dignidad y autoridad para poder estar dispuestos a guiar e influenciar al resto de personas. Por lo tanto, una persona espiritualmente bondadosa no es solo gentil, sino también alguien sabio y recto. Tal persona lleva una vida ejemplar. Para ser más específicos acerca de la bondad espiritual, es tener humildad dentro del corazón al igual que la generosidad virtuosa en lo externo.

Aunque tengamos un corazón afectuoso sin maldad sino solo con bondad, si solo tenemos dicha bondad internamente, esta misma por sí sola no puede hacernos abrazar y tener una influencia positiva sobre los demás. Por lo tanto, cuando poseemos no solo bondad en nuestro interior sino también caracteres externos de generosidad virtuosa, nuestra bondad puede ser perfeccionada y así mostraremos un poder aún mayor. Si nosotros poseemos generosidad con un corazón bondadoso, podremos ganar el corazón de muchas personas y alcanzar muchas cosas más.

Se puede demostrar el verdadero amor a los demás cuando se tiene bondad y generosidad en el corazón, abundancia de compasión y generosidad virtuosa para poder guiar a otros en el camino correcto. Entonces, podrá guiar a muchas almas hacia el camino de la salvación, que es el camino correcto. La bondad en el interior no puede hacer brillar su luz sin la generosidad virtuosa en el exterior. Ahora, examinemos primero lo que tenemos que hacer para cultivar la bondad en nuestro interior.

El estándar para medir la bondad interior es la santificación

Para poder alcanzar la bondad, primeramente debemos despojarnos de toda forma de maldad de nuestro corazón y llegar a santificarnos. Un corazón bondadoso es como el algodón, y aunque alguien actué de manera agresiva no hace ningún ruido sino que simplemente lo abraza. Alguien con un corazón bondadoso no tiene maldad ni tampoco conflictos con ninguna otra persona. No obstante, si tenemos un corazón duro por el odio, lleno de celos y envidias o un corazón duro por la soberbia e inquebrantable en sus criterios, es difícil que podamos abrazar a los demás.

Si una piedra cae y golpea a otra piedra sólida o un objeto de metal denso, hace ruido y rebota. De la misma manera, si nuestro yo carnal está todavía vivo, revelamos nuestros sentimientos de incomodidad aunque otros causen solo la más mínima molestia. Cuando las personas son reconocidas como aquellas que tienen deficiencias de carácter y otras fallas, quizás no podamos cubrir, proteger o entenderlas sino que al contrario podemos juzgar, condenar, murmurar y calumniar. Entonces significa que somos como una pequeña embarcación, que desborda si se intenta poner algo en ella.

Se trata de un pequeño corazón que está lleno de tantas cosas sucias que no tiene más espacio para aceptar cualquier otra cosa. Por ejemplo, puede ser que nos sintamos ofendidos cuando los demás señalan nuestros errores, o cuando vemos murmurar a las personas quizás pensamos que están hablando acerca de nosotros y nos preguntamos de qué están hablando. Puede ser que incluso juzguemos a los demás solo porque nos están mirando.

El no tener maldad en nuestros corazones es la condición básica para cultivar la bondad. La razón es que cuando no hay maldad podemos mostrar aprecio por los demás en nuestros corazones y podemos verlos a través de la bondad y el amor. Una persona bondadosa mira a los demás con misericordia y compasión en todo tiempo ya que no posee ninguna intensión para juzgar o condenar a las personas; simplemente intenta entender a los demás con amor y bondad, e incluso el corazón malo de las personas se suavizará por su calidez.

Es especialmente importante que aquellos que enseñan y guían a otros estén santificados. En la medida que tengan maldad, utilizarán sus propios pensamientos carnales. En la misma medida, no podrán discernir correctamente la situación del rebaño, siendo así capaz de guiar las almas a los pastos verdes y aguas tranquilas. Podremos recibir la guía del Espíritu Santo y comprender la situación del rebaño correctamente para guiarlos de la mejor manera solo cuando estemos completamente santificados. Además Dios solo puede reconocer como bondadosos a aquellos que están completamente santificados. Otras personas poseen diferentes normas acerca de qué tipo de personas son bondadosas. No obstante, la bondad a los ojos de las personas es diferente a la bondad a los ojos de Dios.

Dios reconoce la bondad de Moisés

En la Biblia, Moisés fue reconocido por Dios debido a su

bondad. Podemos aprender cuán importante es ser reconocidos por Dios en base a Números 12. En cierta ocasión el hermano de Moisés, Aarón y su hermana Miriam, criticaron a Moisés por haberse casado con una mujer cusita.

Números 12:2 declara: *"Y dijeron: ¿Solamente por Moisés ha hablado Jehová? ¿No ha hablado también por nosotros? Y lo oyó Jehová".*

¿Qué fue lo que Dios dijo acerca de lo que ellos habían hablado? *"Cara a cara hablaré con él, y claramente, y no por figuras; y verá la apariencia de Jehová. ¿Por qué, pues, no tuvisteis temor de hablar contra mi siervo Moisés?"* (Números 12:8)

Las críticas de Aarón y Miriam en contra de Moisés enfurecieron a Dios. Debido a ello, Miriam tuvo lepra. Aarón era un portavoz de Moisés y Miriam fue también una de las líderes de la congregación. Pensando que ellos también eran muy amados y reconocidos por Dios, cuando pensaron que Moisés hizo algo malo, inmediatamente lo criticaron por ello.

No obstante, Dios no aceptó que Aarón y Miriam condenaran y hablaran mal de Moisés de acuerdo a sus propias normas. ¿Qué tipo de hombre era Moisés? Fue reconocido por Dios como el más humilde y manso entre todos sobre la faz de la Tierra. Era también fiel en toda la casa de Dios, y por ello recibió la confianza de Dios que incluso podía hablar con Él cara a cara.

Si examinamos el proceso del pueblo de Israel escapando de Egipto y dirigiéndose a la tierra de Canaán, podemos comprender por qué el reconocimiento de Dios hacia Moisés fue tan grande. Las personas que salieron de Egipto repetidamente cometían pecados que iban en contra de la voluntad de Dios. Se quejaban en contra de Moisés y lo culpaban aun de pequeñas dificultades, y esto era lo mismo que quejarse contra Dios. Todo el tiempo se quejaban, pero Moisés pedía la misericordia de Dios.

Hubo un incidente que mostró claramente la bondad de Moisés. Mientras Moisés se encontraba en el Monte Sinaí para recibir los mandamientos, el pueblo hizo un ídolo, un becerro de oro, y comieron, bebieron y se entregaban a sí mismos al libertinaje, mientras adoraban. Los egipcios adoraban al dios con semejanza a toro y a vaca, es por esto que ellos imitaron a estos dioses. Dios les había mostrado que estaba con ellos en varias ocasiones, pero los israelitas no mostraban ninguna señal de transformación. Eventualmente, la ira de Dios cayó sobre ellos. Sin embargo, en ese momento Moisés intercedió por el pueblo poniendo su propia vida como garantía colateral: *"Que perdones ahora su pecado, y si no, ráeme ahora de tu libro que has escrito"* (Éxodo 32:32).

En este caso, "tu libro que has escrito" hace referencia al Libro de la Vida en el cual están registrados los nombres de aquellos que son salvos. Si su nombre es borrado del Libro de la Vida, no puede ser salvo. Esto no solo significa que usted no recibe salvación, sino que tiene que sufrir por siempre en el Infierno. Moisés conocía acerca de la vida después de la muerte, sin embargo, él quería salvar a las personas incluso si él mismo tenía que dejar de ser salvo por causa de ello. Este tipo de corazón de Moisés era muy similar al de Dios quien no quiere que nadie tenga que perecer.

Moisés cultivó la bondad a través de las pruebas

Por supuesto, Moisés no tuvo este tipo de bondad desde el principio. Aunque él era un hebreo, fue criado como hijo de una princesa egipcia y no le faltó nada. Recibió educación en la clase más alta del conocimiento egipcio y en habilidades de combate. Él también tuvo orgullo y soberbia. Un día vio a un hombre egipcio golpear a un hebreo, y en su indignación mató al egipcio.

Debido a este suceso, Moisés se convirtió en un fugitivo de la noche a la mañana. Afortunadamente, se convirtió en un pastor en el desierto con la ayuda de un sacerdote de Madián, pero él había perdido todo. Pastorear un rebaño era algo que los egipcios consideraban como muy bajo. Durante cuarenta años tuvo que hacer lo que él solía ver como algo despreciable. Mientras tanto, se humilló a sí mismo completamente, dándose cuenta de muchas cosas sobre el amor de Dios y la vida.

Dios no llamó a Moisés, el príncipe de los egipcios, para ser el líder del pueblo de Israel, sino que llamó a Moisés, el pastor quien se había humillado a sí mismo en varias ocasiones, incluso al llamado de Dios. Moisés se humilló a sí mismo por completo y desechó la maldad de su corazón a través de las pruebas, y por esta razón pudo ser capaz de guiar a más de seiscientos mil hombres fuera de Egipto hacia la tierra de Canaán.

Por lo tanto, lo más importante al cultivar la bondad es que debemos cultivarla con bondad y amor al humillarnos delante de Dios en las pruebas que tengamos que atravesar. La medida de nuestra humildad marca la diferencia también en nuestra bondad. Si nosotros nos sentimos satisfechos con nuestro estado actual pensando que hemos cultivado la verdad hasta cierto punto y que somos reconocidos por otros, como en el caso de Aarón y Miriam, solo nos volveremos más arrogantes.

La generosidad virtuosa perfecciona la bondad espiritual

Para poder llegar a cultivar la bondad espiritual no solo debemos santificarnos al desechar toda forma de maldad, sino que también debemos cultivar la generosidad virtuosa. La generosidad virtuosa es entender ampliamente y aceptar a los demás de manera justa, para hacer lo correcto de acuerdo a los deberes del hombre, y también es tener el carácter para permitir que otros puedan someter y entregar sus corazones mediante la comprensión de sus defectos y aceptarlos, y no mediante la fuerza física. Las personas que son así poseen el amor para inspirar seguridad y confianza en otras personas.

La generosidad virtuosa es como la ropa que las personas visten. Sin importar lo buenos que seamos por dentro, si estamos desnudos, seremos despreciados por los demás. Del mismo modo, no importa lo buenos que seamos, no podemos mostrar realmente el valor de nuestra bondad a menos que tengamos la generosidad virtuosa. Por ejemplo, una persona que es bondadosa por dentro pero que dice muchas cosas innecesarias cuando habla con otras personas. Este tipo de individuos no tienen intenciones maliciosas al hacer esto, pero así no puede ganar la confianza de los demás ya que no se ve de manera apropiada o educada. Algunas personas no tienen ningún rencor porque tienen bondad, y además no causan ningún daño a los demás. Sin embargo, si no ayudan de manera activa a otras personas o se preocupan delicadamente por ellas, es difícil que puedan ganarse el corazón del resto de personas.

Las flores que no tienen colores hermosos o una fragancia agradable no pueden atraer hacia ellas las abejas o las mariposas, aunque tengan mucho néctar. De manera similar, incluso si somos muy bondadosos y podemos poner la otra mejilla cuando alguien nos golpea, nuestra bondad no podrá realmente brillar a menos que tengamos generosidad virtuosa en nuestras palabras y acciones. La bondad verdadera se puede alcanzar y mostrar su verdadero valor solo cuando la bondad interior lleve puesta la ropa exterior de la generosidad virtuosa.

José tenía esta generosidad virtuosa. Él fue el undécimo hijo de Jacob, el padre de todo Israel. José fue odiado por sus hermanos y vendido como un esclavo a Egipto cuando era muy joven. No obstante, mediante la ayuda de Dios se convirtió en el primer ministro de Egipto a la edad de treinta años. En ese entonces Egipto era una nación muy poderosa centrada en el Nilo. Egipto fue una de las cuatro 'cunas de la civilización' más grandes. Tanto los gobernantes como la gente se enorgullecían de sí mismos, y no era algo fácil convertirse en el primer ministro siendo un extranjero. Si él hubiera tenido algún tipo de falta, habría tenido que renunciar de inmediato.

Incluso en este tipo de situación, José gobernó Egipto de muy buena manera y con mucha sabiduría ya que era bondadoso y humilde y tampoco tenía faltas en sus palabras y acciones. Además de ellos, también tuvo la sabiduría y la dignidad de un gobernante. José tenía el poder que estaba en segundo lugar después del rey, pero él no trató de dominar a la gente o hacer alarde de sí mismo. Él era muy estricto consigo mismo, pero muy generoso y amable con el resto de personas. Por consiguiente, el rey y demás ministros no tenían que ser reservados ni cautelosos, ni siquiera celosos de él, sino que al contrario, pusieron su completa confianza en José. Podemos inferir este hecho al considerar cómo los egipcios le dieron una cálida bienvenida a la familia de José, que se trasladó a Egipto desde Canaán para escapar de la hambruna.

La bondad de José estaba acompañada de generosidad virtuosa

Si alguien posee esta generosidad virtuosa significa que tiene un corazón amplio y que no juzgará ni condenará a los demás con sus propias normas a pesar de que esté en lo correcto con sus palabras y hechos. Estas características de José estuvieron bien representadas cuando sus hermanos, quienes lo habían vendido como esclavo en Egipto, ingresaron a su territorio en busca de alimento.

Al principio los hermanos no reconocieron a José. Es bastante comprensible ya que no lo habían visto desde hacía más de veinte años. Además, no podrían haber imaginado que José se había convertido en el primer ministro de Egipto. Ahora, ¿qué fue lo que José sintió cuando vio a sus hermanos que casi lo habían matado y eventualmente lo vendieron como esclavo en Egipto? Él tenía el poder de hacerlos pagar por el pecado que habían cometido. No obstante, José no quiso vengarse de ellos. Ocultó su identidad y los probó un par de veces para conocer si el corazón de ellos era igual que en el pasado.

José incluso les dio una oportunidad para arrepentirse de sus pecados ante Dios por sí mismos, ya que el pecado de haber planificado matar y luego vender a su propio hermano como esclavo en otro país no era algo insignificante. No se limitó a perdonarlos o castigarlos indiscriminadamente, sino que llevó las situaciones de una manera que sus hermanos pudieran arrepentirse de sus pecados por su propia cuenta. Eventualmente, solo después de que los hermanos recordaron sus faltas y se arrepintieran, José reveló su verdadera identidad.

En ese momento, sus hermanos se asustaron. Sus vidas se encontraban en las manos de su hermano José quien ahora era el primer ministro de Egipto, la nación más fuerte en ese entonces. Sin embargo, José no tuvo el deseo de preguntarles por qué habían hecho lo que hicieron. No les amenazó diciendo: "Ahora pagarán por sus pecados". Sino que al contrario, trató de consolarlos y apaciguar sus pensamientos. *"Ahora, pues, no os entristezcáis, ni os pese de haberme vendido acá; porque para preservación de vida me envió Dios delante de vosotros"* (Génesis 45:5).

Él reconoció el hecho de que todo estaba en el plan de Dios. José no solo perdonó de corazón a sus hermanos, sino que también los consoló con palabras emotivas, comprendiendo lo que ellos sentían. Esto significa que él incluso mostró acciones que pudieron tocar a sus enemigos, las cuales son la generosidad virtuosa en lo externo. La bondad de José acompañada de generosidad virtuosa fue la fuente de poder para salvar a tantas almas en Egipto y a sus alrededores y las bases para cumplir con el asombroso plan de Dios. Como lo he explicado hasta ahora, la generosidad virtuosa es la expresión externa de la bondad interior, y puede ganar el corazón de muchas personas y mostrar gran poder.

La santificación es necesaria para tener generosidad virtuosa

Así como la bondad interna puede alcanzarse a través de la santificación, la generosidad virtuosa también puede ser cultivada cuando desechamos la maldad y nos santificamos. Por supuesto, si alguien no está santificado, puede ser que muestre acciones virtuosas y generosas hasta cierto punto por medio de la educación o porque ha nacido con un corazón amplio. No obstante, la verdadera generosidad virtuosa puede salir de un corazón que esté libre de la maldad y sigue solo la verdad. Si nosotros queremos cultivar por completo la generosidad virtuosa, no es suficiente solo arrancar las raíces principales de la maldad en nuestro corazón, sino que debemos desechar incluso todo rastro de maldad (1 Tesalonicenses 5:22).

Mateo 5:48 declara lo siguiente: *"Sed, pues, vosotros perfectos, como vuestro Padre que está en los cielos es perfecto"*. Cuando nos despojamos de todo tipo de maldad de nuestros corazones y somos incluso irreprensibles en nuestras palabras, obras y comportamiento, podemos cultivar la bondad para que muchas personas puedan descansar en nosotros. Por esta razón, no debemos estar satisfechos cuando por fin llegamos a un nivel en el que hemos desechado la maldad como el odio, la envidia, los celos, la arrogancia y el mal carácter. Incluso debemos despojarnos de faltas menores del cuerpo y mostrar las obras de la verdad por medio de la Palabra de Dios y la oración ferviente, y al recibir la guía del Espíritu Santo.

¿Cuáles son las faltas del cuerpo? En Romanos 8:13 leemos: *"Porque si vivís conforme a la carne, moriréis; mas si por el Espíritu hacéis morir las obras de la carne, viviréis"*.

En este caso, 'la carne' no hace solo referencia al cuerpo físico. La carne espiritualmente se refiere al cuerpo de las personas después de que la verdad ha desaparecido de ellas. Por consiguiente, las obras de la carne se refieren a las obras que provienen de las falsedades que han llenado a la humanidad que ha ido cambiando hacia lo carnal. Las obras de la carne incluyen no solo pecados evidentes sino también todo tipo de obras o acciones imperfectas.

Tuve una experiencia peculiar en el pasado. Cuando tocaba algún objeto, sentía que recibía una descarga eléctrica y me retorcía cada vez que esto sucedía. Por ello, tenía miedo de tocar las cosas. Naturalmente, después de cada vez que tocaba algo, tenía mi mente en oración al Señor. No tenía esos sentimientos cuando tocaba los objetos con mucho cuidado. Cuando abría las puertas, sostenía el picaporte con mucho cuidado. Debía tener mucho cuidado, incluso cuando estaba dando la mano a los miembros de la iglesia. Este fenómeno transcurrió por varios meses y todos mis comportamientos se hicieron muy cautelosos y amables. Luego llegué a darme cuenta de que Dios hizo que las obras de la carne fueran perfectas mediante esta experiencia.

Podría ser considerado como algo trivial, pero la forma de comportarse de una persona es muy importante. Algunas personas habitualmente realizan contactos físicos con los demás cuando se ríen o hablan con los que están cerca. Algunos tienen la voz muy alta, independientemente de la hora y el lugar y causan molestias a los demás. Este tipo de comportamiento no es una falta grave, pero aún sigue siendo una falta menor del cuerpo. Aquellos que tienen generosidad virtuosa tienen conductas correctas en su vida cotidiana, y mucha gente desearía encontrar descanso en ellos.

Cambiar el carácter del corazón

A continuación debemos cultivar el carácter de nuestro corazón para poseer la generosidad virtuosa. El carácter del corazón se refiere al tamaño del corazón. De acuerdo al carácter del corazón de cada individuo, algunas personas hacen más de lo que se espera de ellas, mientras que otras hacen simplemente las cosas asignadas a ellas o quizás un poco menos que eso. Un hombre que posee generosidad virtuosa posee el carácter del corazón que es grande y amplio, por lo que no solo vela por sus asuntos personales, sino que también se preocupa y cuida de los demás.

Filipenses 2:4 dice: *"No mirando cada uno por lo suyo propio, sino cada cual también por lo de los otros"*. Este tipo de carácter del corazón puede ser diferente de acuerdo a cuán extensamente ampliemos nuestro corazón en todas las circunstancias, por lo que podemos cambiarlo a través de esfuerzos continuos. Si estamos buscando con impaciencia solo nuestros propios intereses personales, debemos orar específicamente por ello y cambiar nuestra mente estrecha por una más amplia que tenga en cuenta, en primer lugar, el beneficio y las situaciones de los demás.

Antes de que José fuera vendido como esclavo en Egipto, había sido criado como las plantas y las flores que crecen en un invernadero. Él no podía hacerse cargo de todos los asuntos de la casa o medir los corazones y las situaciones de sus hermanos que no fueron amados por su padre. Sin embargo, mediante varias pruebas, pudo llegar a poseer el corazón para observar y manejar cada rincón de su entorno, y aprendió cómo considerar el corazón de otras personas.

Dios ensanchó el corazón de José, en preparación para la época en la que se convertiría en el primer ministro de Egipto. Si nosotros alcanzamos este carácter del corazón junto con un corazón intachable y bondadoso, también podremos administrar y estar a cargo de grandes organizaciones. Es una de las virtudes que un líder debe poseer.

Bendiciones para los bondadosos

¿Qué tipo de bendiciones serán otorgadas a aquellos que alcancen la bondad perfecta al remover la maldad de sus corazones y cultivar la generosidad virtuosa en lo externo? Tal como menciona Mateo 5:5: *"Bienaventurados los mansos, porque ellos recibirán la tierra por heredad",* y Salmos 37:11 que dice: *"Pero los mansos heredarán la tierra, y se recrearán con abundancia de paz",* ellos podrán heredar la tierra. En este caso, la tierra simboliza el lugar de morada en el reino de los cielos, y 'heredarán la tierra' significa que 'en el futuro disfrutarán de mucho poder en el Cielo'.

¿Por qué disfrutarán de gran autoridad en el Cielo? Una persona que posee bondad fortalece a otras almas con el corazón de Dios el Padre y motiva sus corazones. Mientras más amable sea una persona, más almas reposarán en ella y serán guiadas a la salvación por dicha persona. Si nosotros podemos convertirnos en personas en las que los demás pueden encontrar descanso, significa que podemos servir a los demás de gran manera. A los que sirven se les entregará autoridad celestial. En Mateo 23:11 leemos: *"El que es el mayor de vosotros, sea vuestro siervo"*.

En consecuencia, una persona amable podrá disfrutar de un gran poder y heredar tierra amplia y ancha como la morada celestial cuando llegue al Cielo. Incluso en este mundo, aquellos que poseen gran poder, riquezas, renombre y autoridad son seguidos por muchas personas. No obstante, si ellos pierden todo lo que poseen, perderán la mayoría de su autoridad, y muchas de las personas que los seguían los dejarán. La autoridad espiritual que le sigue a una persona bondadosa es diferente a la de este mundo. Esta no desaparece ni tampoco sufre cambios. Sobre la Tierra, mientras su alma prospera, tiene éxito en todas las cosas. Además, en el Cielo será muy amado por Dios por la eternidad y será respetado por innumerables almas.

3. El amor no tiene envidia

Algunos estudiantes que son excelentes reúnen y revisan sus notas referentes a las preguntas en las que fallan en sus exámenes. Examinan por qué fallaron en responder la pregunta correctamente y entienden la materia por completo antes de seguir. Dicen que este método es muy eficaz para el aprendizaje de la materia que se les hace difícil en un período más corto de tiempo. Este mismo método se puede aplicar cuando se trata de cultivar el amor espiritual. Si nosotros examinamos nuestras obras y palabras detalladamente y desechamos cada uno de nuestros defectos, uno por uno, entonces podemos alcanzar el amor espiritual en un período corto de tiempo. Examinemos la siguiente característica del amor espiritual: "El amor no tiene envidia".

La envidia surge cuando un sentimiento de amargura, celos e infelicidad crece excesivamente y se cometen malas acciones en contra de otra persona. Si tenemos un sentido de celos y envidia en nuestra mente, tendremos malos sentimientos cuando veamos a alguien ser elogiado o favorecido. Si encontramos una persona con más conocimientos, con más dinero y más competentes que nosotros, o si uno de nuestros compañeros de trabajo prospera y obtiene más favor de muchas personas, podríamos sentir envidia. Puede ser que en esas ocasiones odiemos a esa persona, y que deseemos que sea estafado en todas las cosas que tiene para luego poder pisotearlo.

Por otra parte podemos sentirnos desalentados, pensando: "Él es tan favorecido por los demás, ¿pero qué hay de mí? ¡Yo no soy nadie!" En otras palabras, nos sentimos desanimados porque nos comparamos con los demás. Cuando nos sentimos desalentados puede ser que pensemos que no es envidia. Sin embargo, el amor se regocija con la verdad. En otras palabras, si tenemos amor verdadero nos regocijamos cuando otra persona prospera. Si nos sentimos desanimados y nos reprendemos a nosotros mismos, o no nos alegramos con la verdad, esto es porque nuestro ego o nuestro 'yo' sigue estando latente. Debido a que nuestro 'yo' está vivo, nuestro orgullo es herido cuando nos sentimos inferiores al resto.

Cuando la mente envidiosa crece y luego se muestra en palabras y acciones maliciosas, se trata de la envidia de la cual 'El capítulo del amor' está hablando. Si la envidia se desarrolla en diferentes etapas, una persona puede causar daños a otros, e incluso la muerte. La envidia es la revelación externa de un corazón malo y sucio, por lo que es difícil para aquellos que tienen envidia y celos recibir la salvación (Gálatas 5:19-21). Esto se debe a que la envidia es una obra evidente de la carne, que es un pecado visible que se comete en lo externo. La envidia o celos pueden ser categorizados en diferentes tipos.

La envidia o celos en la relación romántica

Los celos se convierten en acciones cuando una persona en una relación desea recibir más amor y favor del otro del que él o ella está recibiendo. Por ejemplo, las dos esposas de Jacob, Lea y Raquel, eran celosas la una de la otra y cada una de ellas deseaba ser más favorecida por Jacob. Lea y Raquel eran hermanas, ambas hijas de Labán, tío de Jacob.

Jacob se casó con Lea como resultado del engaño de su tío Labán, independientemente de su deseo. Jacob en realidad amaba a la hermana menor de Lea, Raquel, quien fue su esposa después de catorce años de servir a su tío. Desde el comienzo Jacob amó a Raquel más que a Lea. Sin embargo, Lea había dado a luz a cuatro niños mientras que Raquel no podía dar a luz a ninguno.

En ese tiempo era muy vergonzoso que una mujer no pudiera tener hijos, y Raquel continuamente estaba celosa de su hermana Lea. Ella estaba tan cegada por sus celos que también le hizo pasar malos momentos a su esposo Jacob. *"...dame hijos, o si no, me muero"* (Génesis 30:1).

Tanto Raquel como Lea dieron a sus respectivas criada a Jacob como concubinas para quedarse con su amor exclusivo. Si hubieran albergado un poco del amor verdadero en sus corazones, podrían haberse alegrado cuando la otra era más favorecida por su marido. Los celos hicieron que todos, Lea, Raquel y Jacob, sean infelices. Además, esto también afectó a sus hijos.

La envidia o celos cuando las situaciones de los demás son más afortunadas

El aspecto de los celos de cada individuo es diferente de acuerdo a los valores de la vida de cada uno. No obstante, por lo general, cuando uno tiene más dinero, más conocimiento y es más competente que nosotros o cuando es más favorecido y amado, podemos llegar a ser celosos. No es difícil encontrarnos a nosotros mismos en situaciones de celos en la escuela, en el trabajo y en el hogar cuando estos provienen de la sensación de que alguien es mejor que nosotros. Cuando un contemporáneo de nosotros avanza y es más próspero de lo que somos, quizás lo odiemos o hablemos mal de él. Quizás pensemos que debemos pisotear a los demás para poder ser más prósperos y más favorecidos.

Por ejemplo, algunas personas revelan las faltas y los errores de los demás en el lugar de trabajo y hacen que caigan bajo una sospecha injusta y escrutinio por parte de sus jefes, porque quieren ser las personas que reciben un ascenso en su trabajo. Los estudiantes jóvenes no son la excepción a esto. Algunos estudiantes molestan a otros estudiantes que sobresalen académicamente o intimidan a los que se ven favorecidos por el profesor. En el hogar, los niños calumnian y pelean con los hermanos y hermanas con el fin de obtener un mayor reconocimiento y favor de los padres. Otros lo hacen porque quieren heredar más posesiones de sus padres.

Ese fue el caso con Caín, el primer asesinato en la historia de la humanidad. Dios solo aceptó la ofrenda de Abel. Caín se sintió despreciado y a medida que sus celos crecieron y quemaron en su ser, eventualmente mató a su propio hermano, Abel. Debió haber escuchado en repetidas ocasiones sobre el sacrificio de la sangre de los animales que hacían sus padres, Adán y Eva, y debió haber conocido muy bien acerca de esto. *"Y casi todo es purificado, según la ley, con sangre; y sin derramamiento de sangre no se hace remisión"* (Hebreos 9:22).

Sin embargo, acaba de dar sacrificios de la cosecha de la tierra que había cultivado. Por el contrario, Abel ofreció sacrificio de los primogénitos de las ovejas con su corazón conforme a la voluntad de Dios. Algunos quizás piensen que para Abel no fue difícil hacer esto ya que él era un pastor de ovejas, pero este nunca fue el caso. Él aprendió de la voluntad de Dios por parte de sus padres y quería seguir Su voluntad. Es por esta razón que Dios aceptó solo el sacrificio de Abel. Caín se puso muy celoso de su hermano, sin siquiera mencionar que no se arrepintió de su falta. Una vez que la llama de los celos fue encendida ya no pudo ser apagada, y eventualmente él mató a su hermano Abel. ¡Cuánto dolor Adán y Eva debieron tener por ello!

La envidia o celos entre los hermanos en la fe

Algunos creyentes son celosos de otros hermanos y hermanas en la fe que están por delante de ellos en el orden, posición, fe o fidelidad a Dios. Este fenómeno por lo general sucede cuando la otra persona es similar a ellos en edad, posición y en la cantidad de tiempo de creyente, o cuando conocen bien a la otra persona.

Mateo 19:30 dice: *"Pero muchos primeros serán postreros, y postreros, primeros"*; en ciertas ocasiones aquellos que tienen menos años en la fe que nosotros, edad y un título en la iglesia podrían estar por delante de nosotros. Entonces podemos sentir fuertes celos en contra de ellos. Este tipo de celos no solo existe entre los creyentes en la misma iglesia, puede estar presente entre pastores y miembros de la iglesia, entre iglesias o incluso entre diferentes organizaciones cristianas. Cuando una persona da la gloria a Dios, todos deberían regocijarse juntos, pero al contrario, calumnian a otros como heréticos en un intento de desprestigiar el nombre de otras personas u organizaciones. ¿Qué sentirán los padres si sus hijos se pelean y se odian entre ellos? Aunque los hijos les den buena comida y buenas cosas, ellos no se sentirán felices. Y si los creyentes que son los mismos hijos de Dios pelean y tienen pleitos entre ellos, o si existen celos entre las iglesias, solo harán que nuestro Señor se sienta mucho más afligido.

La enviada o celos de Saúl en contra de David

Saúl fue el primer rey de Israel. Él desperdició su vida teniendo celos de David. Para Saúl, David era como un caballero con armadura que salvó a su país. Cuando la moral de los soldados recayó a la parte más baja debido a la intimidación de Goliat de los filisteos, David hizo una meteórica carrera y derribó al campeón de los filisteos con una simple honda. Este solo acto le dio la victoria a Israel. Desde ese entonces, David realizó múltiples tareas meritorias en cuidar al país de los ataques de los filisteos. El problema entre Saúl y David se levantó en ese momento. Saúl escuchó algo que le causó mucho disturbio por parte de la multitud que le estaba dando la bienvenida a David que había regresado en victoria de la batalla. La multitud decía: *"...Saúl hirió a sus miles, David a sus diez miles"* (1 Samuel 18:7).

Saúl se sintió muy descontento por ello, y pensó: *"¿Cómo pueden compararme con David? ¡No es nada más que un niño pastor!"*

Su ira se intensificó mientras seguía pensando en los comentarios que había escuchado. Él creyó que no era correcto que las personas lo elogiaran tanto a David, y desde entonces las acciones de David parecían sospechosas para Saúl. Probablemente pensó que David estaba actuando de cierta manera para así poder comprar el corazón de las personas. Ahora, la flecha de la ira de Saúl apuntaba hacia David. Él pensó: "Si David ya ha ganado el corazón del pueblo, ¡es cuestión de tiempo para que surja una rebelión!"

A medida que sus pensamientos se volvieron cada vez más exagerados, Saúl buscó la oportunidad para matar a David. En cierta ocasión, Saulo estaba sufriendo por los malos espíritus y David se encontraba tocando el arpa para él. Saúl aprovechó la oportunidad y arrojó su lanza contra él, pero afortunadamente David esquivó la lanza y huyó. Sin embargo, Saúl no se dio por vencido para matar a David, y continuamente perseguía junto a su ejército a David.

A pesar de todo esto, David no tuvo el deseo de perjudicar a Saúl porque él era el rey ungido por Dios, y el rey Saúl lo sabía. No obstante, la llama de los celos de Saúl que había sido encendida no cedía. Continuamente sufría de pensamientos perturbadores que surgían de sus celos. Hasta el momento que murió en una batalla en contra de los filisteos, Saúl no tuvo descanso debido a sus celos por David.

Aquellos que tuvieron envidia o celos de Moisés

En Números 16, leemos acerca de Coré, Datán y Abiram. Coré era un levita, Datán y Abiram eran de la tribu de Rubén. Ellos guardaron rencor en contra de Moisés y su hermano y ayudante Aarón. Les molestaba el hecho de que Moisés había sido un príncipe de Egipto y que ahora los estaba gobernando a pesar de que era un fugitivo y un pastor en Madián. Desde otro punto de vista, ellos eran los que querían llegar a ser los líderes. Por lo tanto, hicieron contacto con las personas para hacerlas pertenecientes a su grupo.

Coré, Datán y Abiram reunieron a 250 personas para que los siguieran pensando que obtendrían poder. Entonces fueron donde Moisés y Aarón y discutieron con ellos. Les dijeron: *"¡Basta ya de vosotros! Porque toda la congregación, todos ellos son santos, y en medio de ellos está Jehová; ¿por qué, pues, os levantáis vosotros sobre la congregación de Jehová?"* (Números 16:3)

Aunque no se restringieron al confrontarlos, Moisés no les respondió nada. Simplemente se arrodilló delante de Dios para orar e intentar darles a conocer sus faltas y rogar a Dios por Su condenación. En ese momento la ira de Dios se levantó contra Coré, Abiram y Datán y aquellos que los acompañaban. La tierra abrió su boca y Coré, Datán y Abiram junto con sus esposas e hijos y sus pequeños, descendieron vivos al Seol. El fuego también salió de Jehová, y consumió a los doscientos cincuenta hombres que ofrecían el incienso.

Moisés no causó ningún daño a las personas (Números 16:15). Él hizo todo lo que estaba a su alcance para guiar al pueblo. En ciertas ocasiones probó que Dios estaba con ellos a través de las señales y los prodigios. Les mostró las Diez Plagas en Egipto, les permitió cruzar el Mar Rojo en tierra seca al dividirlo en dos, les dio agua proveniente de la roca y les dio de comer maná y codornices en el desierto. Incluso después de todo esto calumniaron y se pusieron en contra de Moisés diciendo que se estaba exaltando a sí mismo.

Dios también permitió que el pueblo pudiera ver cuán grave era el pecado de tener celos de Moisés. Juzgar y condenar a una persona que ha sido establecida por Dios es igual que condenar y juzgar a Dios mismo. Por consiguiente, no hay que criticar sin tener cuidado a las iglesias u organizaciones que operan en el nombre del Señor, diciendo que están equivocadas o que son heréticas. Los celos entre nosotros son un pecado grave delante de Dios, ya que todos somos hermanos y hermanas en Él.

La envidia o celos por cosas que son insignificantes

¿Podemos conseguir lo que queremos solo por ser celosos? ¡Por supuesto que no! Podríamos ser capaces de poner a otras personas en situaciones difíciles y quizás podría parecer que vamos a salir adelante de ellos, pero en realidad no podemos obtener todo lo que queremos. Santiago 4:2 dice: *"Codiciáis, y no tenéis; matáis y ardéis de envidia, y no podéis alcanzar; combatís y lucháis, pero no tenéis lo que deseáis, porque no pedís".*

En vez de ser celoso, considere lo que dice Job 4:8: *"Como yo he visto, los que aran iniquidad y siembran injuria, la siegan".* El mal que haga volverá a usted como un búmeran.

En retribución por la maldad que usted muestre, es posible que enfrente desastres en su familia o en su lugar de trabajo. Tal como Proverbios 14:30 dice: *"El corazón apacible es vida de la carne; Mas la envidia es carcoma de los huesos"*, los celos se traducen solo en un daño causado a uno mismo, y por lo tanto, es completamente algo sin sentido. Por consiguiente, si usted quiere sobresalir entre las personas, debe clamar a Dios, quien controla todas las cosas, en vez de gastar sus energías en pensamientos y acciones provenientes de los celos.

Claro está que no puede obtener todo lo que pida. Santiago 4:3 dice: *"Pedís, y no recibís, porque pedís mal, para gastar en vuestros deleites"*. Si pide algo para gastarlo en sus placeres, no lo recibirá porque no es la voluntad de Dios. No obstante, en la mayoría de casos las personas piden siguiendo su lujuria. Piden riquezas, fama y poder para su propia comodidad y orgullo. Esto me ha causado mucha tristeza durante mi ministerio. La bendición real y verdadera no es la riqueza, la fama y el poder sino la prosperidad del alma.

No importa cuántas cosas tenga y haya disfrutado, ¿para qué sirven si usted no recibe la salvación? Lo que debemos tener presente es que todas las cosas en este mundo desaparecerán como la niebla. 1 Juan 2:17 dice: *"Y el mundo pasa, y sus deseos; pero el que hace la voluntad de Dios permanece para siempre"*, y Eclesiastés 12:8 dice: *"Vanidad de vanidades, dijo el Predicador, todo es vanidad"*.

Espero que usted no se ponga celoso de su hermano y hermana por aferrarse a las cosas sin sentido del mundo, sino que tenga un corazón que es recto a los ojos de Dios. Entonces Dios responderá los deseos de su corazón y le dará el eterno reino de los cielos.

La envidia o celos y los deseos espirituales

Las personas creen en Dios y aun así se ponen celosas porque tienen poca fe y amor. Si a usted le falta amor por Dios y tiene poca fe en el reino de los cielos, es posible que se vuelva celoso para obtener riquezas, fama y poder de este mundo. Si usted tiene la plena seguridad de los derechos de los hijos de Dios y de la ciudadanía de los Cielos, los hermanos y hermanas en Cristo son mucho más valiosos que sus familiares terrenales. Es debido a que usted cree que vivirá con ellos en el Cielo por la eternidad.

Incluso los no creyentes que no han aceptado a Jesucristo son preciosos y son las personas que debemos llevar al reino celestial. Sobre esta fe, a medida que cultivamos el amor verdadero en nosotros, llegaremos a amar a nuestro prójimo como a nosotros mismos. Entonces, cuando otras personas tengan riquezas, nos pondremos tan felices como si fuéramos nosotros los que recibimos esas riquezas. Aquellos que poseen fe verdadera no irán en busca de las cosas sin sentidos del mundo, sino que intentarán ser diligentes en las obras del Señor para así poder arrebatar el reino de los cielos por la fuerza. Es decir, tendrán deseos espirituales.

"Desde los días de Juan el Bautista hasta ahora, el reino de los cielos sufre violencia, y los violentos lo arrebatan" (Mateo 11:12).

Los deseos espirituales son ciertamente diferentes que los celos. Es importante poseer el deseo de ser entusiasta y fiel en la obra del Señor, pero si ese entusiasmo cruza la línea y se aleja de la verdad o si provoca la caída de otros, no es aceptable. Mientras somos fervientes en nuestro trabajo por el Señor, debemos ver también por las necesidades de los demás a nuestro alrededor y seguir la paz con todos.

4. El amor no es jactancioso

Existen personas que siempre se jactan de sí mismas. No les preocupa lo que los demás puedan sentir cuando son jactanciosos, simplemente quieren hacer alarde de lo que tienen mientras buscan obtener el reconocimiento de las personas. José se jactaba de su sueño cuando era un niño; esto causó que sus hermanos lo llegaran a odiar. Debido a que fue muy amado por su padre de una manera especial, él no pudo comprender en realidad el corazón de sus hermanos. Luego fue vendido como esclavo en Egipto y se sometió a muchas pruebas para cultivar, a través del tiempo, el amor espiritual. Antes de que las personas cultiven el amor espiritual, es posible que quebranten la paz al hacer alarde y sobrestimándose a sí mismas. Por consiguiente, Dios dice: "El amor no es jactancioso".

En pocas palabras, ser jactancioso es darse a conocer y presumir de uno mismo. Las personas por lo general quieren ser reconocidas si es que hacen o tienen algo mejor que los demás. ¿Cuál será el efecto para aquellos que son jactancioso?

Por ejemplo, algunos padres son pretenciosos y jactanciosos de sus hijos que son buenos estudiantes. Puede ser que otras personas pueden regocijarse con ellos, pero la mayoría son heridos en su ser y tienen malos sentimientos al respecto. Ellos incluso pueden dar a sus hijos una reprimenda sin razón. No importa cuán bien sus hijos estén en sus estudios, si usted tiene aunque sea un poco de bondad tendrá en cuenta el sentimiento de los demás y no se jactará de su hijo. También deseará que el hijo de su prójimo pueda estudiar bien, y si lo hace, lo felicitará con gozo.

Las personas jactanciosas también tienden a ser menos

dispuestas a reconocer y elogiar el buen trabajo realizado por otras personas. De una manera u otra tienen la tendencia a denigrar a los demás porque piensan que han sido opacados en la medida que otros son reconocidos. Esta no es más que una manera de jactarse que causa problemas. Actuar de esta manera muestra que el corazón jactancioso está muy alejado del amor verdadero. Quizás piense que si hace alarde de sí mismo podrá ser reconocido, pero solo hace que sea difícil que pueda recibir respeto y amor sincero. En lugar de que las personas a su alrededor lo envidien, hará que crezca el rencor y los celos hacia usted. Santiago 4:16 dice: *"Pero ahora os jactáis en vuestras soberbias. Toda jactancia semejante es mala"*.

La vanagloria de la vida proviene del amor por las cosas de este mundo

¿Por qué las personas se jactan de sí mismas? Es porque poseen la vanagloria de la vida dentro de ellas. La vanagloria de la vida se refiere a 'la naturaleza de hacer alarde de uno mismo de acuerdo a los placeres de este mundo'. Esto proviene del amor por las cosas de este mundo. Por lo general las personas se jactan de las cosas que consideran importantes. Aquellos que aman el dinero se jactarán del dinero que poseen, y aquellos que consideran las apariencias externas como algo importante, se jactan de ello. Es decir, colocan el dinero, la apariencia externa, la fama o el poder social sobre Dios.

Uno de los miembros de nuestra iglesia tiene un negocio muy exitoso de venta de computadoras a los conglomerados empresariales de Corea. Él quería expandir este negocio. Entonces obtuvo diferentes tipos de préstamos e invirtió en una franquicia de Café Net y de difusión a través de la Internet. Estableció una empresa con un capital inicial de dos mil millones de won, que son aproximadamente dos millones de dólares americanos.

Sin embargo, el volumen de negocios era bajo y las pérdidas aumentaron; eventualmente la empresa dio en quiebra. Su casa fue vendida en una subasta, y los deudores lo perseguían por todas partes. Tuvo que vivir en casas pequeñas, en el sótano o en la azotea. En ese momento empezó a examinar su vida pasada. Se dio cuenta de que tenía el deseo de jactarse de su éxito y que tenía ambición por el dinero. Además se dio cuenta de que había hecho pasar malos momentos a las personas a su alrededor debido a que estaba expandiendo su negocio más allá de sus propias habilidades.

El momento que él se arrepintió por completo delante de Dios con todo su corazón y se despojó de su avaricia, fue feliz a pesar de que tenía un trabajo de limpieza de líneas de alcantarillado y fosas sépticas. Dios consideró su situación y le mostró una manera de comenzar un nuevo negocio. Ahora, mientras él está yendo por el camino correcto en todo tiempo, su negocio está prosperando.

1 Juan 2:15-16 dice: *"No améis al mundo, ni las cosas que están en el mundo. Si alguno ama al mundo, el amor del Padre no está en él. Porque todo lo que hay en el mundo, los deseos de la carne, los deseos de los ojos, y la vanagloria de la vida, no proviene del Padre, sino del mundo".*

Ezequías, el 13.o rey de Judá del sur, era recto a los ojos de Dios y además purificó el Templo. Él venció la invasión de Asiria a través de la oración, y cuando se enfermó, él oró con lágrimas y recibió una prórroga de 15 años de su vida. No obstante, aún poseía en su ser la vanagloria de la vida. Luego de recuperarse de su enfermedad, Babilonia envió a sus diplomáticos.

Ezequías estaba muy feliz de poder recibirlos y poder mostrarles todos los tesoros de su casa, la plata y el oro y las especias y el precioso aceite y todo su arsenal y todo lo que había en sus tesoros. Debido a su jactancia, el sur de Judá fue invadido por Babilonia y todos sus tesoros le fueron quitados (Isaías 39:1-6). La jactancia proviene de un corazón mundano, y significa que la persona no tiene amor por Dios. Por consiguiente, para poder cultivar el amor verdadero, uno debe desechar la vanagloria de la vida del corazón.

Jactancia en el Señor

Existe un tipo de jactancia que es bueno. Es jactarse en el Señor como se menciona en 2 Corintios 10:17, que dice: *"Mas el que se gloría, gloríese en el Señor"*. Jactarse en el Señor es darle gloria a Dios; mientras más lo haga, será mejor. Un buen ejemplo de este tipo de jactancia es el 'testimonio'.

Pablo, en Gálatas 6:14, dijo: *"Pero lejos esté de mí gloriarme, sino en la cruz de nuestro Señor Jesucristo, por quien el mundo me es crucificado a mí, y yo al mundo"*.

Tal como él dijo, debemos jactarnos o gloriarnos en Jesucristo quien nos ha salvado y nos ha dado el reino de los cielos. Nosotros estábamos destinados a la muerte eterna debido a nuestros pecados, pero gracias a Jesús que pagó por ellos en la cruz, hemos obtenido vida eterna. ¡Cuán agradecidos deberíamos estar por esto!

Es por esta razón que el apóstol Pablo se jactaba de sus debilidades. En 2 Corintios 12:9 leemos: *"Y me ha dicho (el*

Señor): *Bástate mi gracia; porque mi poder se perfecciona en la debilidad. Por tanto, de buena gana me gloriaré más bien en mis debilidades, para que repose sobre mí el poder de Cristo".*

De hecho, Pablo realizó muchas señales y prodigios e incluso las personas llevaban a los enfermos pañuelos o prendas de vestir que él había tocado, y estos sanaban. Pablo realizó tres viajes misioneros en los cuales guió a un sinnúmero de personas al Señor y plantó iglesias en muchas ciudades. No obstante, él dijo que no había sido él quien había hecho todas estas obras. Solo se jactó de que era por la gracia de Dios y el poder del Señor que se le permitía hacer lo que él hacía.

En la actualidad, muchas personas dan sus testimonios del encuentro y la experiencia con Dios en su vida cotidiana. Difunden el amor de Dios hablando acerca de cómo recibieron sanidad a sus enfermedades, bendiciones financieras y paz en sus familias cuando buscaron a Dios fervientemente y mostraron las obras de su corazón por Él.

Como leemos en Proverbios 8:17, que dice: *"Yo amo a los que me aman, y me hallan los que temprano me buscan",* ellos están agradecidos de haber podido experimentar el gran amor de Dios y llegar a poseer una fe grande, que significa que han recibido bendiciones espirituales. Este tipo de jactancia en el Señor le da la gloria a Dios y siembra fe y vida en el corazón de las personas. Al hacer esto, acumulan recompensas en el Cielo y los deseos en su corazón serán respondidos rápidamente.

No obstante, en este caso, debemos tener cuidado de una cosa: algunas personas dicen que le dan la gloria a Dios, pero de hecho tratan que ellos mismos, o lo que han hecho, sea conocido por las personas. Dan a entender indirectamente que fueron capaces de recibir las bendiciones a causa de sus propios esfuerzos. Parece que le están dando la gloria a Dios, pero en realidad se están dando todos los créditos a sí mismos. Por ello, Satanás traerá acusaciones sobre este tipo de personas. Después de todo, el resultado de jactarse uno mismo será revelado; es posible que enfrenten varios tipos de persecuciones y pruebas, o si nadie los reconoce, se alejan de Dios.

Romanos 15:2 dice: *"Cada uno de nosotros agrade a su prójimo en lo que es bueno, para edificación"*. Tal como hemos leído, siempre debemos hablar para la edificación de nuestro prójimo y sembrar fe y vida en ellos. Así como el agua es purificada cuando pasa por un filtro, debemos tener un filtro para nuestras palabras antes de que las digamos; pensando si es que serán de edificación o lastimarán los sentimientos de los oyentes.

Desechar la vanagloria de la vida

A pesar de tener muchas cosas por las cuales presumir, nadie puede vivir para siempre. Después de la vida en este mundo, todos irán al Cielo o al Infierno. En el Cielo, incluso las calles que pisamos están hechas de oro, y la riqueza no se puede comparar con la de este mundo. Esto significa que jactarse de las cosas en este mundo es algo que no tiene sentido. Además, aunque alguien posea muchas riquezas, fama, conocimiento y poder, ¿podrá esta persona jactarse de ello en el Infierno?

Jesús dijo: *"Porque ¿qué aprovechará al hombre, si ganare todo el mundo, y perdiere su alma? ¿O qué recompensa dará el hombre por su alma? Porque el Hijo del Hombre vendrá en la gloria de su Padre con sus ángeles, y entonces pagará a cada uno conforme a sus obras"* (Mateo 16:26-27).

La jactancia de este mundo jamás puede dar vida eterna o santificación, más bien da lugar a deseos sin sentido y nos lleva a la destrucción. Al darnos cuenta de tales hechos y llenar nuestros corazones con esperanza del Cielo, recibiremos la fortaleza para desechar la vanagloria de la vida. Es similar a un niño que puede fácilmente dejar su juguete, que es viejo y de poco valor, cuando llega un nuevo juguete. Dado que conocemos acerca de la belleza resplandeciente del reino celestial, no nos aferramos ni luchamos para conseguir las cosas de este mundo.

Una vez que desechemos la vanagloria de la vida, podremos jactarnos solo de Jesucristo. Sentiremos que nada en este mundo es digno de que nos jactemos, sino al contrario, nos sentiremos orgullosos de la gloria que disfrutaremos eternamente en el reino de los cielos. Entonces, estaremos llenos de un tipo de gozo que nunca antes habíamos sentido. Incluso aunque enfrentemos algunos momentos difíciles en nuestro caminar en la vida, no sentiremos que han sido muy duros. Solo daremos gracias por el amor de Dios que nos ha dado a Su hijo unigénito, Jesús, para salvarnos, y por lo tanto podremos estar llenos de gozo en todas las circunstancias. Si nosotros nos vamos tras la vanagloria de la vida, no nos sentiremos tan exaltados cuando recibamos alabanzas, ni desanimados cuando recibamos críticas. Nosotros humildemente nos examinaremos más a nosotros mismos cuando recibamos alabanzas, y solo daremos gracias cuando recibamos reproches e intentaremos cambiar más.

5. El amor no es arrogante

Aquellos que se jactan de sí mismos, fácilmente se sienten que son mejores que los demás y se vuelven arrogantes. Si las cosas marchan bien con ellos, piensan que es porque han realizado un buen trabajo, y por ello se vuelven engreídos o perezosos. La Biblia dice que una de las cosas malas que Dios más aborrece es la arrogancia. La arrogancia es además la razón principal por la que las personas construyeron la Torre de Babel para competir con Dios, que fue un evento que hizo que Él separara los idiomas.

Características de las personas arrogantes

Una persona arrogante considera que nadie es mejor que ella y desprecia y trata con indiferencia a los demás. Este tipo de personas se sienten superiores a los demás en todos los aspectos. Se consideran a sí mismas como 'la mejor'; desprecian, menosprecian e intentan enseñar a los demás en todos los aspectos. Fácilmente muestran actitudes de arrogancia hacia aquellos que parecen ser menos. A veces, en su excesiva arrogancia, hacen caso omiso a aquellos que les han enseñado y los han guiado, a aquellos que tienen posiciones más altas en sus negocios o jerarquía social. No están dispuestas a escuchar los consejos, las críticas y sugerencias que sus superiores les dan. Estas personas se quejarán y pensarán: "Mi superior dijo eso porque no tiene idea de lo que se trata", o quizás diga: "Yo conozco muy bien todas las cosas y sé cómo hacerlo de la manera correcta".

Tales personas provocan muchos argumentos y peleas con los

demás. Proverbios 13:10 dice: *"Ciertamente la soberbia concebirá contienda; Mas con los avisados está la sabiduría"*.

2 Timoteo 2:23 nos dice: *"Pero desecha las cuestiones necias e insensatas, sabiendo que engendran contiendas"*. Es por esta razón que es tan necio y equivocado que solo usted crea que está en lo correcto.

Cada persona posee diferentes consciencias y diferentes conocimientos. Es porque cada individuo es diferente en lo que ha visto, escuchado, experimentado y aprendido. No obstante, la mayoría de los conocimientos de uno son incorrectos, y parte de ellos se han ido acumulando de manera inapropiada. Si ese conocimiento se ha endurecido dentro de nosotros por un largo período de tiempo, se forman la soberbia y los criterios de cada uno. Ser soberbio es insistir en que solo nuestra opinión es la correcta, y cuando esta se endurece se forman los criterios de nuestros pensamientos. Algunas personas forman sus criterios con su personalidad o con los conocimientos que poseen.

Los criterios son como el esqueleto de un cuerpo humano; constituyen la forma de cada uno, y una vez que está formado, es difícil romperlo. La mayoría de los pensamientos de las personas provienen de su soberbia y criterios personales. Una persona que posee un sentido de inferioridad reacciona de maneras muy sensibles si otra persona la señala con el dedo para acusarla, o como dice el dicho, si una persona rica se arregla su ropa, la gente piensa que se está jactando y haciendo alarde de ella. Si alguien utiliza algún vocabulario difícil o complicado, las personas piensan que está haciendo alarde de su conocimiento y que los está mirando con desprecio.

Yo aprendí de mi maestra de escuela primaria que la Estatua de la Libertad se encontraba en San Francisco. Recuerdo vívidamente cómo ella me lo enseñó con una foto y un mapa de los EE. UU. A principios de los 90, tuve la oportunidad de visitar los EE. UU. para llevar a cabo una Reunión de Avivamiento. Fue en ese momento que aprendí que la Estatua de la Libertad estaba ubicada en la ciudad de Nueva York.

Para mí la estatua se encontraba en San Francisco, por lo tanto, no podía entender por qué estaba en Nueva York. Le pregunté a la gente a mi alrededor y me dijeron que en realidad se encontraba en Nueva York. Me di cuenta de que el conocimiento que yo tenía y que había creído que era veraz, en realidad era incorrecto. En ese momento incluso pensé que lo que yo creía que era correcto, quizás también era incorrecto. Muchas personas creen e insisten en cosas que no son correctas.

Incluso cuando se encuentran en un error, aquellos que son arrogantes no lo admitirán sino que seguirán insistiendo en sus propias opiniones, y esto dará lugar a disputas. Sin embargo, aquellos que son humildes no pelearán aunque la otra persona esté en lo incorrecto. Aunque estén totalmente seguros de que están en lo correcto, siguen pensando que quizás estén equivocados ya que no tienen ninguna intención de ganar a otros en discusiones.

Un corazón humilde posee amor espiritual el cual considera a los demás mejor que sí mismo. Incluso si los demás son menos afortunados, con menos educación o no poseen poder social, con mentes humildes, los consideraremos mejores a nosotros desde nuestro corazón. Consideramos a todas las almas muy valiosas porque son tan dignas que Jesús derramó su sangre por ellas.

La arrogancia carnal y la arrogancia espiritual

Si alguien muestra estas acciones de falsedad en lo externo o hace alarde de sí mismo, ostenta y menosprecia a los demás, puede darse cuenta de dicha arrogancia con facilidad. Al aceptar al Señor y llegar a conocer la verdad, estos atributos de la arrogancia carnal pueden ser fácilmente eliminados. Por el contrario, no es fácil darse cuenta y desechar la arrogancia espiritual que uno posee. Entonces ¿qué es la arrogancia espiritual?

Cuando se asiste a la iglesia por un período de tiempo significativo, usted acumula mucho conocimiento de la Palabra de Dios. Puede ser incluso que reciba títulos y posiciones en la iglesia o que sea elegido como uno de los líderes. Entonces puede ser que sienta que ha cultivado una cantidad de conocimiento de la Palabra de Dios en su corazón que es suficiente como para pensar: "¡He alcanzado tanto. Seguramente debo tener razón en muchas de las cosas!" Quizás usted reprenda, juzgue y condene a los demás con la Palabra de Dios que ha acumulado como conocimiento, pensando que es el único que puede discernir el bien y el mal de acuerdo a la verdad. Algunos líderes de la iglesia van tras sus propios beneficios y quebrantan las regulaciones y las órdenes que supuestamente deben guardar. Sin duda, ellos violan las órdenes de la iglesia con sus acciones, pero piensan: "Para mí esto está bien porque estoy en esta posición. Yo soy una excepción". Este tipo de mente exaltada es la arrogancia espiritual.

Si nosotros confesamos nuestro amor por Dios mientras ignoramos la ley y el orden de Dios con corazones exaltados, la confesión no es verdadera. Si juzgamos y condenamos a los demás, no podemos ser considerados por tener amor verdadero. La verdad nos enseña a ver, escuchar y hablar solo acerca de cosas buenas de las demás personas.

> *"Hermanos, no murmuréis los unos de los otros. El que murmura del hermano y juzga a su hermano, murmura de la ley y juzga a la ley; pero si tú juzgas a la ley, no eres hacedor de la ley, sino juez"* (Santiago 4:11).

¿Cómo se siente cuando encuentra debilidades en las demás personas?

Jack Kornfield en su libro *The Art of Forgiveness, Lovingkindness, and Peace* (El arte del perdón, la bondad y la paz), escribe acerca de una manera diferente de lidiar con acciones torpes.

"En la tribu Babemba de Sudáfrica, cuando una persona actúa de manera irresponsable o injusta, es colocada en el centro de la aldea sola y sin restricciones. Todo el trabajo cesa, y cada hombre, mujer y niño en la aldea se reúnen formando un gran círculo alrededor del individuo acusado. Entonces cada persona en la tribu le habla al acusado, uno a la vez; cada uno le recuerda las cosas buenas que la persona en el centro del círculo ha hecho en su vida. Se cuenta cada suceso, cada experiencia que se puede recordar con detalle y precisión. Todos sus atributos positivos, buenas obras, fortalezas y bondad se recitan cuidadosamente y en detalle. Esta ceremonia tribal normalmente dura varios días. Al final, el círculo tribal es roto, se lleva a cabo una ceremonia alegre y a esta persona se le da simbólica y literalmente la bienvenida nuevamente a la tribu".

Por medio de este proceso, aquellas personas que se han equivocado recuperan su autoestima y toman la decisión de contribuir a su tribu. Gracias a este tipo de prueba especial, se dice que rara vez se producen crímenes en su sociedad.

Cuando vemos las faltas de las demás personas, podemos pensar si primero los juzgamos y condenamos o si actuamos con misericordia y somos piadosos en nuestro corazón. Con esta medida, podemos examinar cuánta cantidad de humildad y amor hemos cultivado. Al examinar constantemente nuestras vidas, no deberíamos sentirnos contentos con lo que hemos alcanzado, solo porque hemos sido creyentes por mucho tiempo.

Antes de que alguien se santifique completamente, cada uno posee la naturaleza que hace que la arrogancia de uno crezca. Por consiguiente, es muy importante sacar las raíces de la arrogancia de nuestra vida, ya que puede nuevamente volver en cualquier momento a menos que usted las arranque por completo mediante la oración ferviente. Es igual que si usted corta la maleza; esta seguirá creciendo a menos que sea totalmente removida. Es decir, debido a que la naturaleza pecaminosa no es totalmente removida del corazón, la arrogancia nuevamente entra en la mente mientras lleva una vida en la fe durante mucho tiempo. Por consiguiente, siempre debemos humillarnos como hijos delante del Señor, considerar a los demás mejores que nosotros y continuamente esforzarnos por cultivar el amor espiritual.

Las personas arrogantes creen en sí mismas

Nabucodonosor abrió la era dorada de la Gran Babilonia. Una de las maravillas antiguas fueron los Jardines Colgantes que se hicieron en esa época. Él se sentía orgulloso de que su reino y las obras habían sido realizadas por su gran poder, y edificó una estatua de sí mismo he hizo que las personas la adoraran. Daniel 4:30 dice: *"Habló el rey y dijo: ¿No es ésta la gran Babilonia que yo edifiqué para casa real con la fuerza de mi poder, y para gloria de mi majestad?"*

Dios eventualmente le hizo entender quién era el gobernante del mundo en realidad (Daniel 4:31-32). Él fue expulsado del palacio, se alimentó de la hierba al igual que el ganado y vivió como un animal salvaje durante siete años. ¿Cuál era el significado de su trono en ese momento? Nosotros no podemos obtener nada si Dios no lo permite. Nabucodonosor regresó a su estado normal luego de siete años, luego de los cuales se dio cuenta de su arrogancia y reconoció a Dios. En Daniel 4:37 leemos: *"Ahora yo Nabucodonosor alabo, engrandezco y glorifico al Rey del cielo, porque todas sus obras son verdaderas, y sus caminos justos; y él puede humillar a los que andan con soberbia"*.

No se trata únicamente de Nabucodonosor. Algunos no creyentes en el mundo dicen: "Yo solo creo en mí mismo". No obstante, el mundo no es fácil de vencer para ellos. Existen muchos problemas en el mundo que no pueden ser resueltos con las habilidades humanas. Incluso el conocimiento científico de vanguardia y la tecnología es inservible ante las calamidades como los tifones y los terremotos, y otros desastres inesperados.

Y cuántos tipos de enfermedades no pueden ser curadas

incluso con la medicina moderna. Sin embargo, muchas personas confían en sí mismas en vez de confiar en Dios cuando enfrentan varios problemas; ponen la confianza en sus pensamientos, experiencias y conocimiento. No obstante, cuando no son exitosos y se enfrentan con problemas, se quejan en contra de Dios a pesar de que no creen en Él. Esto se da por la arrogancia que está en sus corazones. Debido a esta arrogancia, no confiesan sus debilidades y fracasan en reconocer a Dios humildemente.

Lo más lamentable es que algunos creyentes en Dios confían en el mundo y en sí mismos y no en Dios. Él desea que sus hijos prosperen y que vivan en Su ayuda, pero si no están dispuestos a humillarse a sí mismos delante de Dios debido a su arrogancia, entonces Él no puede ayudarlos. De esta manera no podrán ser protegidos del diablo enemigo ni ser prósperos en todo su caminar. Tal como Dios dice en Proverbios 18:12: *"Antes del quebrantamiento se eleva el corazón del hombre, y antes de la honra es el abatimiento"*, lo que causa fracasos y destrucción en su vida no es nada más y menos que su propia arrogancia.

Dios ve a las personas arrogantes como necias. Comparada con Dios cuyo trono está en el Cielo y Su estrado en la Tierra, ¿cuán pequeña es la presencia del hombre? Todas las personas han sido creadas a la imagen de Dios y todos son iguales como hijos de Dios, sean de posición alta o baja. No importa de cuántas cosas nos podríamos jactar en este mundo, la vida en la Tierra solo dura un momento. Cuando esta vida corta llegue a su fin, todos serán juzgados ante Dios. Y seremos exaltados en el Cielo de acuerdo a lo que hemos hecho con humildad en la Tierra. Se debe a que el Señor nos exaltará tal como Santiago 4:10 lo dice: *"Humillaos delante del Señor, y él os exaltará"*.

Si el agua se queda en un pequeño charco, se estancará y se pudrirá y se llenará de gusanos. No obstante, si el agua permanentemente sigue su curso, poco a poco llegará al mar y proveerá vida a muchos seres vivos. De la misma manera, debemos humillarnos para de ese modo llegar a ser grandes a los ojos de Dios.

Características del amor espiritual I

1. Es paciente
2. Es bondadoso
3. No tiene envidia o celos
4. No es jactancioso
5. No es arrogante

6. El amor no se porta indecorosamente

Los 'modales' o 'etiqueta' son la forma socialmente correcta de actuar; se trata de las actitudes y comportamientos de las personas hacia los demás. El tipo de etiqueta cultural tiene una amplia variación en la forma en nuestra vida cotidiana, como la etiqueta en nuestras conversaciones, en la mesa, o nuestro comportamiento en los lugares públicos como los teatros.

Los modales apropiados son una parte importante de nuestras vidas. Por lo general los comportamientos socialmente aceptables que resulten adecuados para cada lugar y ocasión normalmente dan una impresión favorable a las demás personas. Por el contrario, si no mostramos un comportamiento adecuado y si ignoramos las bases de la etiqueta, puede ser que cause incomodidades a las personas que se encuentran a nuestro alrededor. Además, si decimos que amamos a alguien, pero actuamos de manera indebida hacia esa persona, sería difícil para ella creer que realmente la amamos.

El diccionario: *The Merriam-Webster's Online Dictionary*, se refiere a la palabra 'impropio' como 'en desacuerdo con las normas correspondientes a la posición o condición de la vida". En este caso, hay muchos tipos de normas de etiqueta culturales en nuestra vida cotidiana, como en la manera de saludar y en las conversaciones que tenemos con las personas. Para nuestra sorpresa, muchas personas no saben que han actuado inapropiadamente, incluso luego de haber actuado con dureza. En particular, es más fácil que actuemos incorrectamente con respecto a los que están cerca de nosotros. Esto se debe a que cuando nos sentimos cómodos con alguna persona, tendemos a actuar con dureza o sin la etiqueta adecuada.

No obstante, si poseemos amor verdadero, nunca actuaremos incorrectamente. Suponga que usted tiene una joya muy valiosa y hermosa. Entonces ¿la trataría sin cuidado? Al contrario, sería muy cauteloso y cuidadoso en el manejo para que no se rompa, se dañe o se pierda. De la misma manera, si en realidad ama a alguien, ¿con cuánto aprecio lo trataría?

Existen dos situaciones de obrar incorrecto: rudeza ante Dios y rudeza hacia las personas.

Actuar con rudeza hacia Dios

Incluso entre aquellos que sí creen en Dios y dicen amarlo, el momento que vemos sus obras y escuchamos sus palabras hay muchos que están muy lejos de amar a Dios. Por ejemplo, quedarse dormido durante los servicios es uno de los principales actos de rudeza ante Dios.

Dormirse durante los servicios de adoración es igual que dormirse delante de la misma presencia de Dios. Sería bastante desagradable dormirse frente al presidente de un país o el gerente general de una compañía. Entonces, ¡cuánto más indecoroso es que nos quedemos dormidos delante de Dios! Sería poco probable que usted pudiera continuar profesando que aún ama a Dios. O supongamos que se va a reunir con su ser querido y se queda dormido delante de esa persona. Entonces, ¿cómo podemos decir que en realidad la amamos?

Además, si tenemos conversaciones con las personas que se encuentran a nuestro lado durante el servicio de adoración o si nos encontramos soñando despiertos, también caemos en un acto de rudeza. Un comportamiento como este es una indicación de que el creyente carece de reverencia y amor a Dios.

Este tipo de comportamiento también afecta a la persona que se encuentra predicando. Supongamos que hay un creyente que está hablando con otra persona que está a su lado, o que está teniendo pensamientos ociosos o que se queda dormido. Entonces el predicador quizás esté pensando que el mensaje no es lo suficientemente agradable. Puede perder la inspiración del Espíritu Santo, de modo que no puede ser capaz de predicar con la plenitud del Espíritu. Todos estos actos eventualmente también causarán inconvenientes a los demás creyentes.

Lo mismo sucede cuando deja el santuario en medio del servicio. Por supuesto, hay algunos voluntarios que tienen que salir por sus responsabilidades para ayudar en los servicios de adoración. Sin embargo, excepto en casos específicos, es adecuado moverse solo después de que el servicio ha terminado completamente. Algunas personas piensan: "Podemos escuchar el mensaje solamente", y luego se van antes de que el servicio termine, no obstante, esto es actuar incorrectamente.

Si comparamos el servicio de adoración actual, es equivalente al holocausto en el Antiguo Testamento. Cuando se ofrecía holocaustos, debían cortar al animal en diferentes partes y luego debían asarlo (Levítico 1:9).

Esto, en la actualidad, significa que debemos ofrecer un servicio de adoración desde el principio hasta el final de acuerdo a un cierto conjunto de formalidades y procedimientos. Tenemos que seguir cada orden de la secuencia en el servicio de adoración con todo nuestro corazón, a partir de la oración en silencio hasta que terminemos con la bendición o la oración del Padre Nuestro. Cuando cantamos canciones de alabanza o de adoración y oramos, o incluso durante el tiempo de la ofrenda y los anuncios, debemos dar todo nuestro corazón. Aparte de los servicios oficiales de la iglesia, en cualquier tipo de reunión de oración, servicio de alabanza y de adoración, o en los servicios de adoración de células, tenemos que ofrecer todo nuestro corazón.

Para adorar a Dios con todo nuestro corazón, primeramente no debemos llegar tarde al servicio. No es apropiado llegar tarde a nuestras reuniones con las demás personas, ¡y cuán inapropiado es llegar tarde a nuestra cita con Dios! Dios siempre está esperando en el lugar de adoración para aceptar nuestra adoración.

Por consiguiente, no debemos llegar apresuradamente justo antes del servicio. Es de buenos modales llegar temprano y orar con arrepentimiento y prepararse para el servicio. Además, utilizar celulares durante el servicio de adoración y dejar que los niños corran y jueguen durante el servicio es actuar de manera grosera. Masticar chicle o ingerir alimentos durante el servicio de adoración está dentro de la categoría de actuar incorrectamente.

La apariencia personal que se tiene para la adoración es también algo muy importante. Normalmente, no es adecuado ir a la iglesia con ropa de casa o ropa destinada para los lugares de trabajo. Esto se debe a que la vestimenta es una manera de expresar nuestra reverencia y respeto a otra persona. Los hijos de Dios que verdaderamente creen en Él saben cuán precioso es nuestro Dios.

Por lo tanto, cuando llegan para adorarlo, lo hacen con el atuendo más limpio que tienen.

Por supuesto, pueden existir excepciones. A los servicios de los miércoles o la Vigilia entera del viernes, muchas personas vienen directamente desde sus lugares de trabajo. Debido a que se apresuran a llegar a tiempo, puede ser que lleguen en su uniforme de trabajo. En este tipo de casos, Dios no pensará que están actuando de una manera incorrecta, sino al contrario, se regocijará porque recibe el aroma del corazón ya que intentan llegar a tiempo para el servicio de adoración aunque estén ocupados con su trabajo.

Dios quiere tener comunión amorosa con nosotros a través de los servicios de adoración y la oración. Estos son deberes que los hijos de Dios deben hacer. Sobre todo, la oración es una conversación con Dios. A veces, mientras algunas personas se encuentran orando, puede ser que alguien les interrumpa porque surgió una emergencia.

Esto es igual que interrumpir a una persona cuando está teniendo una conversación con sus mayores. Además, cuando oramos, si usted abre sus ojos y deja de orar solo porque alguien le está llamando, esto también es actuar inapropiadamente. En este caso, usted primeramente debería finalizar la oración y luego responder.

Si nosotros ofrecemos nuestra adoración y nuestra alabanza en espíritu y en verdad, Dios nos devuelve bendiciones y recompensas, y responderá nuestras oraciones con mayor rapidez. Esto se debe a que recibe el aroma de nuestro corazón con deleite. Sin embargo, si acumulamos actos incorrectos por un año, dos años y así sucesivamente, crearemos un muro de pecado en contra de Dios. Incluso entre marido y la mujer o entre padres e hijos, si se continúa las relaciones sin amor, habrá muchos problemas. Lo mismo sucede con Dios. Si nosotros hemos levantado un muro entre nosotros y Dios, no podremos estar protegidos de enfermedades o accidentes, y es posible que enfrentemos varios problemas. Quizás no recibamos las respuestas a nuestras oraciones, incluso si oramos durante mucho tiempo. No obstante, si tenemos una actitud apropiada en la adoración y la oración, podemos resolver muchos tipos de problemas.

La iglesia es la casa santa de Dios.

La iglesia es el lugar donde habita Dios. Salmos 11:4 dice: *"Jehová está en su santo templo; Jehová tiene en el cielo su trono; sus ojos ven, sus párpados examinan a los hijos de los hombres".*

En el tiempo del Antiguo Testamento, no cualquiera podía ir al lugar santo. Solo el sacerdote podía ingresar. Solo una vez al año, el sumo sacerdote podía ingresar al lugar santísimo dentro del lugar santo. Sin embargo, en la actualidad por la gracia del Señor, todos pueden ingresar al santuario y adorar. Esto se debe a que Jesús nos ha redimido de nuestros pecados con Su sangre, como leemos en Hebreos 10:19: *"Así que, hermanos, teniendo libertad para entrar en el Lugar Santísimo por la sangre de Jesucristo".*

El santuario no solo se refiere al lugar donde adoramos, sino que se trata de todos los espacios dentro de los límites que comprende la iglesia, incluyendo el patio y todas las demás instalaciones. Por consiguiente, donde sea que nos encontremos en la iglesia, debemos tener mucho cuidado, incluso de cada palabra y acción. No hay que enfadarse y pelear, o hablar de entretenimientos mundanos o de negocios en el santuario. Es lo mismo que manejar sin cuidado las cosas santas de Dios en la iglesia o dañarlas, romperlas o hacer mal uso.

Especialmente, no es aceptable comprar o vender cualquier cosa en la iglesia. En la actualidad, con el desarrollo de las compras en línea, algunas personas pagan por las cosas que compran en internet cuando están en la iglesia y reciben sus compras en la iglesia. En realidad esta es una transacción de negocios. Debemos recordar que Jesús volteó las mesas de los cambistas y expulsó a aquellos que se encontraban vendiendo animales para ser sacrificados. Jesús ni siquiera aceptó que fueran vendidos los animales que estaban destinados a ser sacrificados en el Templo. Por consiguiente, no debemos comprar o vender nada de uso personal en la iglesia. Lo mismo sucede al tener un bazar en las inmediaciones de la iglesia.

Se supone que todos los lugares en la iglesia están apartados para adorar a Dios y tener comunión con los hermanos y hermanas en el Señor. Cuando oramos y solemos tener reuniones en la iglesia, debemos tener cuidado de no llegar a ser insensibles de la santidad de la Iglesia. Si amamos la iglesia, no actuaremos de manera incorrecta en ella, tal como leemos en Salmos 84:10: *"Porque mejor es un día en tus atrios que mil fuera de ellos. Escogería antes estar a la puerta de la casa de mi Dios, que habitar en las moradas de maldad"*.

Actuar con rudeza hacia Dios

La Biblia dice que aquel que no ama a su hermano tampoco puede amar a Dios. Si actuamos con rudeza hacia otras personas que son visibles, ¿cómo podemos llegar a tener respeto por Dios quien no es visible?

> *"Si alguno dice: Yo amo a Dios, y aborrece a su hermano, es mentiroso. Pues el que no ama a su hermano a quien ha visto, ¿cómo puede amar a Dios a quien no ha visto?"* (1 Juan 4:20).

Consideremos los actos comúnmente impropios de nuestra vida cotidiana, de los que no nos damos cuenta fácilmente. Por lo general, si buscamos nuestros propios beneficios sin pensar en las posiciones de las demás personas, se cometerán muchos actos de rudeza. Por ejemplo, cuando hablamos al teléfono, debemos conservar cierta etiqueta. Si llamamos a última hora o muy tarde en la noche o hablamos por teléfono durante mucho tiempo con una persona que está muy ocupada, esto le puede causar perjuicios a dicha persona. Estar tarde para sus citas o hacer una visita inesperada a la casa de alguien o llegar sin antes avisar, son también ejemplos de descortesía.

Uno puede pensar: "Estamos tan cerca y, ¿acaso no es demasiado formal pensar en esas cosas entre nosotros?" Puede ser que tenga una muy buena relación para entender todas las cosas acerca de la otra persona, pero aún sigue siendo muy difícil de entender en su totalidad el corazón de los demás. Podríamos pensar que estamos expresando nuestra amistad a otra persona, pero quizás lo tome de otra manera. Por consiguiente, deberíamos intentar pensar desde el punto de vista de las demás personas. En especial, hay que tener cuidado de no actuar con descortesía hacia alguien si es muy cercano y se siente cómodo con nosotros.

En muchas ocasiones podemos hablar palabras imprudentes o actuar descuidadamente hiriendo los sentimientos u ofendiendo a aquellos cercanos a nosotros. Actuamos con rudeza con familiares o amigos muy cercanos y, finalmente, la relación se vuelve tensa y puede llegar a ser muy mala. Además, algunas personas ancianas tratan a personas más jóvenes o a aquellos en posiciones más bajas inadecuadamente. Hablan sin respeto alguno, o tienen actitudes que hacen sentir mal a los demás.

Sin embargo, es difícil encontrar personas que sirven de todo corazón a sus padres, maestros y personas de edad avanzada, a quienes debemos servir evidentemente. Algunos pueden decir que las situaciones han cambiado, pero hay cosas que nunca cambian. En Levítico 19:32 leemos: *"Delante de las canas te levantarás, y honrarás el rostro del anciano, y de tu Dios tendrás temor. Yo Jehová"*.

La voluntad de Dios es cumplir con todas nuestras responsabilidades incluso entre las personas. Los hijos de Dios también deben guardar la ley y el orden de este mundo para no actuar indecorosamente. Por ejemplo, si causamos una conmoción en un lugar público, escupimos en la calle, o quebrantamos las leyes de tránsito, estamos obrando de manera incorrecta hacia muchas personas. Somos cristianos que debemos ser la luz y la sal del mundo, y por esta razón debemos tener mucho cuidado de nuestras palabras, acciones y comportamiento.

La ley del amor es la última norma

La mayoría de las personas pasan casi todo su tiempo con otras personas, reuniéndose y conversando con otros; comiendo y trabajando con otros. En ese sentido, hay muchas clases de etiqueta cultural en nuestra vida cotidiana. No obstante, todas personas poseen diferentes grados de educación, y la cultura es diferentes en otros países y entres las diferentes razas. Entonces, ¿cuál debería ser la norma en nuestras costumbres?

Es la ley del amor dentro de nuestros corazones. La ley del amor se refiere a la ley de Dios quien es amor en sí mismo. Es decir, en la medida en que guardamos la Palabra de Dios en nuestro corazón y la ponemos en práctica, tendremos las actitudes del Señor y no actuaremos de manera indebida. Otra indicación que se encuentra en la ley del amor es la 'consideración'.

Un hombre estaba yendo por el camino a través de la noche oscura con una lámpara en la mano. Otro hombre estaba en dirección opuesta por el mismo camino, y cuando vio a este hombre con una lámpara en la mano se dio cuenta de que era ciego. Entonces le preguntó por qué estaba llevando una lámpara si no podía ver. El hombre le respondió: "Es para que usted no se tropiece conmigo. Esta lámpara en realidad es para usted". Quizás podamos sentir algo acerca de la consideración en base a esta historia.

La consideración por los demás, aunque parezca algo insignificante, tiene el gran poder de tocar el corazón de las personas. Los actos inapropiados provienen de la falta de consideración por las demás personas, lo que significa que existe falta de amor. Si realmente amamos a los demás, siempre seremos considerados con ellos y no actuaremos de manera incorrecta.

En el campo de la agricultura, si se hace la eliminación excesiva de los frutos inferiores de entre todos los frutos, los que maduren absorberán todos los nutrientes disponibles de modo que su corteza se volverá gruesa y no tendrán buen sabor. Si no somos considerados con los demás, al momento podremos disfrutar de los beneficios disponibles, pero solo nos volveremos como las frutas sin sabor y de corteza gruesa porque han sido sobrealimentadas.

Por consiguiente, tal como está escrito en Colosenses 3:23: *"Y todo lo que hagáis, hacedlo de corazón, como para el Señor y no para los hombres"*, debemos servir a todos con el máximo respeto al igual que lo hacemos para el Señor.

7. El amor no busca lo suyo

En este mundo moderno no es difícil encontrar egoísmo. Las personas van en busca de sus propios beneficios y no del bien de los demás. En algunos países colocan químicos nocivos en la leche en polvo destinada a los bebés. Algunas personas provocan grandes daños a sus países al robar tecnología que es muy importante para sus países.

Debido a los problemas como el SPAN (Sí, Pero Aquí No), es difícil para el gobierno construir instalaciones públicas tales como rellenos sanitarios o crematorios públicos. Las personas no se preocupan por el bienestar de los demás, sino por su propio bienestar. Aunque no sea tan exagerado como en el caso antes mencionado, también podemos encontrar muchos actos egoístas en nuestro diario vivir.

Por ejemplo, algunos colegas o amigos van a comer juntos. Ellos deben escoger qué van a comer, y uno de ellos insiste en lo que quiere comer. Otra persona sigue lo que este quiere, pero no se siente cómodo al respecto. No obstante, otra persona siempre pide la opinión de otro primero. Entonces, si es que le gusta el tipo de comida que los demás han elegido, él siempre come con alegría. ¿A qué categoría pertenece usted?

Un grupo de personas está realizando una reunión para prepararse para un evento. Existen muchas opiniones disponibles. Una persona trata de persuadir a los demás hasta que otras están de acuerdo con ella. Otra persona no insiste tanto en su opinión, pero cuando no le gusta la opinión de alguien más, se muestra reacio, pero la acepta.

Sin embargo, otra persona escucha a los demás cada vez que dan su opinión, y a pesar de que su idea es diferente a la de los demás, él intenta seguirla. Estas diferencias provienen de la cantidad de amor que cada uno tiene en su corazón.

Si hay un conflicto de opiniones que conduce a peleas o discusiones, es porque la gente está buscando lo suyo propio, insistiendo en sus propias opiniones solamente. Si una pareja de esposos solo insisten en sus propias opiniones, constantemente tendrán enfrentamientos y no van a ser capaces de entenderse entre sí. Pueden tener paz si ceden y se entienden entre sí, pero la paz es frecuentemente quebrantada porque cada uno insiste en sus propias opiniones.

Si nosotros amamos a alguien, nos preocuparemos por esa persona más que por nosotros mismos. Consideremos el amor de los padres. La mayoría primeramente piensan en sus hijos antes de pensar en sí mismos. Por lo tanto, las madres preferirían escuchar: "Tu hija es tan bonita", antes que: "Tú eres bonita".

En vez de comer alimentos deliciosos, se sienten felices cuando sus hijos comen bien. En lugar de vestir buena ropa, se sienten más felices si son sus hijos los que visten buena ropa. Además quieren que sus hijos sean más inteligentes que ellos; que sean reconocidos y amados por los demás. Si nosotros brindamos este tipo de amor a nuestro prójimo y a todas las personas, ¡cuán complacido estará Dios el Padre con nosotros!

Abraham buscó el beneficio de los demás con amor

Poner el interés de los demás por encima del nuestro solo

proviene del amor sacrificial. Abraham es un buen ejemplo de una persona que buscó primero el beneficio de los demás antes que él suyo.

Cuando estaba dejando su hogar natal, su sobrino Lot se fue con él. Lot también recibió muchas bendiciones gracias a Abraham, y tenía tantos animales que no había suficiente agua para las vacas y ovejas de Abraham y de Lot. A veces los pastores de ambas partes peleaban entre ellos.

Abraham no quería que la paz entre ellos fuera quebrantada, por ello le dio a Lot el derecho a elegir primero la parte de la tierra que quería, y luego él se iría para el otro. La parte más importante del cuidado de los rebaños es la hierba y el agua. El lugar donde ellos estaban no tenía suficiente césped y agua para todos los rebaños, y el hecho de ceder la mejor tierra, era en cierto sentido lo mismo que renunciar a lo que era necesario para la supervivencia.

Abraham pudo tener tanta consideración por Lot ya que lo amaba en gran manera, pero Lot en realidad no comprendió este amor de Abraham; él simplemente escogió la mejor tierra, el valle del Jordán, y se marchó. ¿Acaso Abraham se sintió incómodo al ver que Lot escogió sin vacilar lo que era bueno para él? ¡No, en absoluto! Abraham estaba feliz de que su sobrino hubiera escogido la tierra buena.

Dios, al ver el buen corazón de Abraham, lo bendijo aún más por donde quiera que iba. Se convirtió en un hombre rico, que era respetado incluso por los reyes de la zona. Como se ilustra aquí, sin duda recibiremos bendiciones de Dios si buscamos el beneficio de otras personas primero y no el nuestro.

Si nosotros damos algo que nos pertenece a las persona que amamos, el gozo que sentiremos será mayor que cualquier otra cosa. Es una especie de alegría que solo los que han dado algo muy valioso a sus seres queridos pueden entender. Jesús disfrutó de este tipo de gozo. Este gran gozo puede obtenerse cuando cultivamos el amor perfecto. Es difícil dar a las personas que odiamos, pero no es difícil en lo absoluto dar a aquellos a quienes amamos. Nos sentiremos muy felices de poder dar.

Disfrutar de mayor felicidad

El amor perfecto nos permite disfrutar de mayor felicidad. Para poder tener amor perfecto como Jesús, debemos pensar en los demás por encima de nosotros. En vez de nosotros mismos, nuestro prójimo, Dios, el Señor y la iglesia deberían ser nuestra prioridad, y si hacemos esto, Dios cuidará de nosotros. Él nos devuelve cosas aún mejores cuando buscamos el beneficio de las demás personas. Es en el Cielo donde se almacenarán nuestras recompensas celestiales. Es por ello que Dios dice en Hechos 20:35: *"Más bienaventurado es dar que recibir"*.

Sin embargo, debemos tener muy en claro una cosa. No debemos causarnos problemas de salud trabajando fielmente para el reino de Dios, más allá de los límites de nuestras fuerzas físicas. Dios aceptará nuestro corazón si tratamos de ser fieles más allá de nuestras limitaciones. No obstante, nuestro cuerpo físico necesita descanso. Además hay que tener cuidado de la prosperidad de nuestra alma mediante la oración, el ayuno y aprendiendo la Palabra de Dios, y no solo al trabajar para la iglesia.

Algunas personas causan desventaja o perjuicio sobre los miembros de la familia u otras personas por pasar demasiado tiempo en actividades religiosas o de la iglesia. Por ejemplo, algunas personas no pueden realizar sus responsabilidades de manera apropiada en su trabajo debido a que se encuentran ayunando. Algunos estudiantes podrían descuidar sus estudios por participar en actividades de la escuela dominical.

En los casos antes mencionados, puede ser que piensen que no han buscado su propio beneficio debido a que siguen trabajando arduamente. Sin embargo, esto no es realmente correcto. A pesar del hecho de que trabajan para el Señor, no son fieles en toda la casa de Dios, y por lo tanto significa que no cumplieron con todo el deber de los hijos de Dios. Después de todo, ellos solo buscan su propio beneficio.

Ahora, ¿qué debemos hacer para evitar buscar nuestro propio beneficio en todas las cosas? Debemos confiar en el Espíritu Santo. El Espíritu Santo, quien es el corazón de Dios, nos guía a la verdad. Nosotros podemos vivir solo para la gloria de Dios si hacemos todo con la guía del Espíritu Santo, tal como el apóstol Pablo dijo: *"Si, pues, coméis o bebéis, o hacéis otra cosa, hacedlo todo para la gloria de Dios"* (1 Corintios 10:31).

Para ser capaces de hacer esto, tenemos que desechar la maldad de nuestro corazón. Además de ello, si cultivamos el amor verdadero en nuestro corazón, la sabiduría de la bondad vendrá sobre nosotros para que podamos discernir la voluntad de Dios en cada situación. Como mencioné anteriormente, todas las cosas marcharán bien con nosotros y disfrutaremos de salud, por lo que podemos ser fieles a Dios en mayor medida. Además seremos amados por nuestro prójimo y los miembros de nuestra familia.

Cuando los recién casados llegan a recibir mi oración de bendición, yo siempre oro para que ellos busquen el beneficio del otro primero. Si comienzan a buscar su propio beneficio, no podrán tener paz en la familia.

Podemos buscar el beneficio de los que amamos o el de aquellos que pueden ser de ventaja para nosotros. Sin embargo, ¿qué sucede con aquellos que nos hacen pasar un mal rato en cada asunto y siempre van en busca de sus propios beneficios? Y, ¿qué pasa con aquellos que infligen daño o nos hacen sufrir daños, o los que no pueden proporcionarnos ningún beneficio? ¿Cómo actuamos hacia los que actúan con falsedad y hablan malas palabras todo el tiempo?

En estos casos, si simplemente los evitamos o si no estamos dispuestos a sacrificarnos por ellos, significa que aún buscamos nuestros propios beneficios. Debemos ser capaces de sacrificarnos y dar paso incluso a aquellas personas que tienen ideas diferentes a las nuestras. Solo así podremos ser considerados como personas que dan amor espiritual.

8. El amor no se irrita

El amor hace que el corazón de las personas sea positivo. Por otra parte, la ira hace que el corazón de una persona sea negativo. La ira lastima el corazón y hace que se endurezca. Por lo tanto, si usted se enoja, no podrá habitar en el amor de Dios. Las principales trampas que el diablo enemigo y Satanás establecieron antes que los hijos de Dios son el odio y la ira.

Ser provocados no es simplemente estar enojados, gritar, maldecir y ponerse violento. Si su cara se distorsiona, cambia de color, y si su forma de hablar se vuelve abrupta, todo es parte de un acto de provocación. A pesar de que la magnitud es diferente en cada caso, aún está la expresión externa del odio y los malos sentimientos en el corazón. Sin embargo, al ver la apariencia no debemos juzgar o condenar a otros pensando que están enojados. No es fácil para nadie entender exactamente el corazón de otra persona.

En cierta ocasión Jesús sacó a todos los que se encontraban vendiendo cosas en el Templo. Los comerciantes colocaron mesas e intercambiaban dinero o vendían ganado a la gente que iba al Templo de Jerusalén para celebrar la Pascua. Jesús era tan amable; Él no reñía ni gritaba, y nadie oía su voz en las calles. No obstante, al ver esta escena, Su actitud fue muy diferente a lo usual.

Hizo un látigo de cuerda y sacó a las ovejas, las vacas y otros animales para el sacrificio. Volcó las mesas de los cambistas y vendedores de palomas. Cuando los demás alrededor de Él lo vieron, quizás pensaron que estaba muy enojado, pero en ese momento no estaba enojado debido a los malos sentimientos como la ira; simplemente sentía indignación justa. Mediante la indignación justa, dejó que nos demos cuenta de que la injusticia de profanar el templo de Dios no puede ser tolerada. Este tipo de indignación justa es el resultado del amor por Dios que perfecciona el amor con Su justicia.

Diferencia entre indignación justa y la ira

Como leemos en Marcos 3, en el Día del Señor, Jesús sanó a un hombre en la sinagoga quien tenía una mano seca. La gente le observaba para ver si lo sanaría en el día de reposo, para poder acusarle de quebrantar este día. En ese momento, Jesús conocía el corazón de las personas y preguntó: *"¿Es lícito en los días de reposo hacer bien, o hacer mal; salvar la vida, o quitarla?"* (Marcos 3:4)

La intención de ellos había sido revelada, y ya no tenían más palabras para decir. La ira de Jesús fue hacia la dureza de sus corazones.

> *"Entonces, mirándolos alrededor con enojo, entristecido por la dureza de sus corazones, dijo al hombre: Extiende tu mano. Y él la extendió, y la mano le fue restaurada sana"* (Marcos 3:5).

En ese momento, las personas malvadas intentaron condenar y matar a Jesús, quien solo estaba haciendo buenas obras. Por lo tanto, en algunas ocasiones Jesús utilizaba expresiones fuertes hacia ellos. Era para que se den cuenta de ello y se alejen del camino de la destrucción. De igual manera, la indignación justa de Jesús provenía de Su amor. Esta indignación en ciertas ocasiones despertó a las personas y las guió hacia la vida. Es de esta manera que el ser provocado y tener indignación justa, son cosas completamente diferentes. Solo cuando alguien se ha santificado y no posee pecado en absoluto, sus reproches y represión dan vida a las almas. Sin embargo, sin la santificación del corazón uno no puede producir este tipo de fruto.

Hay varias razones por las que la gente se enoja. Primeramente es porque las ideas y lo que desean difiere entre sí. Todo el mundo tiene diferentes trasfondos familiares y educación, por lo que sus corazones y pensamientos y las normas de juicio son diferentes unas de otras. Sin embargo, tratan de hacer que los demás se ajusten a sus propias ideas y en ese proceso se llega a tener malos sentimientos.

Supongamos que al marido le gusta la comida más salada mientras que a la mujer no. La esposa puede decir: "Mucha sal no es bueno para tu salud; deberías consumir menos sal". Ella le da este consejo para la salud de su marido, pero si él no quiere, entonces ella no debería seguir insistiendo en ello. Deben encontrar una manera de que ambos puedan rendirse ante el otro. Pueden crear una familia feliz cuando juntos lo intentan.

En segundo lugar una persona puede enojarse cuando los demás no lo escuchan. Si la personas es más anciana o se encuentra en una posición más alta, quiere que los demás le obedezcan. Por supuesto, es correcto respetar a las personas mayores y obedecer a los que se encuentran en posiciones de liderazgo en su jerarquía, pero no es correcto que estas personas obliguen a los que se encuentran en posiciones menores.

Existen casos en los que las personas que están en posiciones más altas no escuchan a los subordinados en lo absoluto, sino que solo quieren que sigan sus palabras incondicionalmente. En otros casos las personas se enfadan cuando han enfrentado alguna pérdida o son tratados injustamente. Además, un individuo podría enojarse cuando la gente le molesta sin causa, o cuando las cosas no se hacen como él pidió o dio instrucción, o cuando la gente lo maldice o insulta.

Antes de que se enojen, las personas ya tienen primero un sentimiento malévolo en su corazón. Las palabras o acciones de otros estimulan tales sentimientos de los demás. Eventualmente los sentimientos agitados salen a manera de ira. Por lo general, tener este sentimiento malévolo es el primer paso para enojarse, y así no podemos morar en el amor de Dios; nuestro crecimiento espiritual se ve seriamente obstaculizado si nos enojamos.

No podemos cambiar nuestras vidas con la verdad mientras tengamos malos sentimientos; debemos dejar de ser provocados y desechar nuestra propia ira. En 1 Corintios 3:16 leemos: *"¿No sabéis que sois templo de Dios, y que el Espíritu de Dios mora en vosotros?"*

Démonos cuenta de que el Espíritu Santo está tomando nuestro corazón como el templo y que Dios siempre nos está observando para que no seamos provocados solo porque hay cosas que no están de acuerdo con nuestras propias ideas.

En la ira del hombre no obra la justicia de Dios

En el caso de Eliseo, él recibió una doble porción de su maestro, el espíritu de Elías, y pudo realizar más obras del poder de Dios. Le dio a una mujer estéril la bendición de la concepción, revivió a un muerto, sanó a los leprosos y derrotó a un ejército enemigo. Cambió el agua no apta para el consumo humano en agua bebible al colocar sal en el agua. Sin embargo, murió de una enfermedad, que fue algo muy raro para un gran profeta de Dios.

¿Cuál podría haber sido la razón? Esto ocurrió cuando estaba yendo a Betel. Un grupo de jóvenes muchachos salieron de la ciudad y se burlaban de él porque no tenía mucho pelo y su aspecto no era favorable. *"...¡Calvo, sube! ¡calvo, sube!"* (2 Reyes 2:23)

No solo unos pocos, sino que muchos jóvenes lo seguían y se burlaban de él, por lo que se sentía avergonzado. Les aconsejó y les reprendió, pero no quisieron escucharlo. Estaban muy obsesionados en hacerle pasar un mal rato al profeta, y esto era algo insoportable para Eliseo.

Betel fue como la cuna de la idolatría en el norte de Israel después de la división de la nación. Los muchachos en esa área deben haber tenido sus corazones endurecidos por el ambiente de adoración a ídolos. Es posible que hayan bloqueado la carretera, escupieran a Eliseo e incluso que le arrojaran piedras. Finalmente Eliseo maldijo a estos jóvenes. Dos osas salieron del bosque y mataron a cuarenta y dos de ellos.

Por supuesto, ellos mismos lo trajeron sobre sus vidas por burlarse del hombre de Dios más allá del límite, pero esto demostró que Eliseo tenía malos sentimientos. No es irrelevante el hecho de que muriera de una enfermedad. Podemos ver que no es correcto que los hijos de Dios sean provocados. *"Porque la ira del hombre no obra la justicia de Dios"* (Santiago 1:20).

No irritarse

¿Qué debemos hacer para no enojarnos? ¿Debemos acaso presionarlo con el dominio propio? A medida que presionamos un resorte más fuerte, se ejerce mucha fuerza para rebotar y saltar el momento que quitamos nuestras manos. Lo mismo sucede cuando nos enojamos. Si simplemente lo contenemos, es posible que evitemos el conflicto por un momento, pero eventualmente, tarde o temprano, explotará. Por consiguiente, para no irritarnos, debemos despojarnos de los sentimientos de ira. No debemos simplemente contenerlos, sino cambiar nuestra ira en bondad y amor para que no tengamos que contener nada.

Claro está que no podemos desechar todos los malos sentimientos de la noche a la mañana y remplazarlos con bondad y amor, pero debemos seguir intentando constantemente, día tras día. Al principio, en una situación de provocación, debemos dejarla en las manos de Dios y ser pacientes. Se dice que en el estudio de Thomas Jefferson, el tercer presidente de los Estados Unidos, estaba escrito: "Cuando estás enojado, cuenta hasta diez antes de hablar, y si estás muy enojado, cuenta hasta cien". Hay un refrán coreano que dice: "Tener paciencia tres veces evitará un homicidio".

Cuando estamos enojados debemos retroceder y pensar acerca de qué tipos de beneficios tendremos si nos enojamos. Entonces no haremos nada que podamos lamentar o algo de lo cual avergonzarnos. Mientras intentamos ser pacientes mediante la oración y la ayuda del Espíritu Santo, podremos desechar los malos sentimientos y la ira. Si anteriormente nos enojábamos diez veces, el número irá disminuyendo a nueve, ocho y así sucesivamente. Luego mantendremos la paz incluso en situaciones provocadas. ¡Entonces estaremos muy felices!

Proverbios 12:16 dice: *"El necio al punto da a conocer su ira; mas el que no hace caso de la injuria es prudente"*, y en Proverbios 19:11 leemos: *"La cordura del hombre detiene su furor, y su honra es pasar por alto la ofensa"*.

Entre la ira y el peligro, solo media una 'y'. Quizás nos demos cuenta de cuán peligroso es que tengamos ira. El ganador final será el que se mantenga firme. Algunas personas practican el dominio propio cuando están en la iglesia, incluso en situaciones que les pueden producir ira, pero fácilmente se enojan en sus hogares, escuelas o lugares de trabajo. Dios no solo existe en la iglesia.

Dios conoce nuestra entrada y nuestra salida y cada palabra que decimos y cada pensamiento que tenemos. Él nos ve en todas partes y el Espíritu Santo mora en nuestro corazón. Por consiguiente, debemos vivir como si estuviéramos en frente de Dios en todo tiempo.

Cierta pareja de casados estaban teniendo una discusión, y el marido enojado le gritó a su esposa que cerrara la boca. Ella estaba tan sorprendida que no volvió a abrir la boca para hablar hasta el día que ella murió. Tanto el marido que expresó su berrinche como su esposa, ambos sufrieron en gran manera. El ser provocado puede hacer que muchas personas sufran, y debemos tratar de deshacernos de todo tipo de malos sentimientos.

9. El amor no toma en cuenta el mal recibido

Al llevar a cabo mi ministerio, me he encontrado con una amplia variedad de personas. Algunas sienten las emociones del amor de Dios solo al pensar en Él y comienzan a derramar lágrimas mientras que otros tienen problemas en su corazón, porque no sienten profundamente el amor de Dios en su corazón a pesar de que creen en Él y lo aman.

El grado en que nosotros sintamos el amor de Dios depende de la medida en la que echamos fuera el pecado y la maldad. En la medida en que vivamos por la Palabra de Dios y desechemos la maldad de nuestros corazón, podremos sentir profundamente Su amor en nuestro corazón sin que nuestro crecimiento en la fe tenga que ser interrumpido. A veces podríamos encontrar dificultades en nuestra marcha de la fe, pero en esos momentos tenemos que recordar el amor de Dios que todo el tiempo nos está esperando. Mientras recordemos Su amor, no tendremos en cuenta el mal que tengamos que sufrir.

Tomar en cuenta el mal recibido

En el libro *Healing Life's Hidden Addictions* (Sanando las adicciones ocultas de la vida) del Dr. Archibald D. Hart, ex decano de la Facultad de Psicología en Fuller Theological Seminary, dice que uno de cada cuatro jóvenes de América se encuentran en depresión grave y que la depresión, las drogas, el sexo, la Internet, las bebidas alcohólicas y el cigarrillo, están arruinando la vida de los jóvenes.

Cuando los adictos dejan de usar sustancias que alteran el pensamiento, sentimiento y conducta, se pueden quedar con poca o ninguna capacidad de afrontar problemas. El adicto puede recurrir a otras conductas adictivas que pueden manipular la química del cerebro para escapar. Este comportamiento adictivo puede incluir sexo, amor y las relaciones. No pueden obtener verdadera satisfacción de ninguna cosa, y tampoco pueden sentir la gracia y la alegría que proviene de la relación con Dios; por lo tanto, se encuentran en grave 'enfermedad', según el Dr. Hart. La adicción es un intento de conseguir satisfacción proveniente de otras cosas en vez de la gracia y la alegría dada por Dios, y es el resultado de ignorar a Dios. Un adicto pensaría básicamente todo el tiempo en un mal recibido.

Ahora, ¿qué es un mal recibido? Hace referencia a todas las cosas malas que no están en acuerdo con la voluntad de Dios. Pensando en el mal, este puede ser generalmente categorizado en tres tipos.

El primero es la idea de querer que les vaya mal a los demás.
Por ejemplo, digamos que tuvo una pelea con alguien. Entonces tiene tanto odio que piensa: "Me gustaría que se tropiece y se caiga". Además, digamos que no ha tenido una buena relación con su vecino, y algo le acaba de suceder. Entonces piensa: "¡qué bueno!" o "¡sabía que eso le iba a pasar!" En el caso de los estudiantes, uno de ellos quizás desee que a su compañero le vaya mal en un examen.

Si usted posee amor espiritual en su corazón, jamás tendrá ese tipo de pensamientos. ¡Nadie desea que la persona a quien se ama se enferme o se encuentre involucrado en un accidente! Usted deseará que su amada esposa o esposo estén siempre sanos y libres de cualquier accidente. Sin embargo, debido a que no tenemos amor en nuestros corazones, queremos que algo salga mal con los demás, y nos alegramos con la infelicidad de los demás.

Además, si no tenemos amor, desearemos conocer las iniquidades o puntos débiles de las demás personas para difundirlos. Supongamos que usted está en una reunión, y alguien allí estaba hablando mal acerca de otra persona. Si usted se interesa en ese tipo de conversaciones, entonces debe examinar su corazón. Si alguien estuviera calumniando a sus padres, ¿le gustaría seguir escuchando a esa persona? ¡Claro que no! Seguramente le diría que se detenga inmediatamente.

Por supuesto, existen momentos y casos donde tiene que conocer la situación de los demás porque quiere ayudarles. No obstante, si ese no es el caso y usted sigue interesado en escuchar cosas malas de otras personas, es porque tiene el deseo de calumniar y murmurar de los demás. Proverbios 17:9 dice: *"El que cubre la falta busca amistad; mas el que la divulga, aparta al amigo"*.

Aquellos que son buenos y tienen amor en sus corazones, intentan cubrir las faltas de los demás. Así también, si tenemos amor espiritual, no seremos celosos ni tendremos envidia cuando los demás disfrutan de riquezas, sino que simplemente anhelaremos que disfruten y que sean amados por los demás. El Señor Jesús nos dice que amemos aun a nuestros enemigos. En Romanos 12:14 leemos: *"Bendecid a los que os persiguen; bendecid, y no maldigáis"*.

El segundo aspecto de los malos pensamientos es el de juzgar y condenar a los demás.

Por ejemplo, supongamos que ve a un creyente ir a cierto lugar donde los creyentes no deberían ir. Entonces, ¿qué tipo de pensamientos tendrá? Puede ser que tenga opiniones negativas de esa persona al punto de sentir maldad, y pensar: "¡Cómo puede estar haciendo eso!" O, si tenemos algo de bondad, quizás pensemos: "¿por qué él fue a ese lugar?", pero entonces, cambiamos los pensamientos y creemos que debe tener una razón para hacerlo.

Si usted tiene amor espiritual en su corazón, en primer lugar, no tendrá ningún tipo de pensamiento negativo. Incluso si escucha algo que no es bueno, no juzga ni condena a esa persona a menos que vuelva a comprobar los hechos. En la mayoría de casos, cuando los padres escuchan cosas malas acerca de sus hijos, ¿cómo reaccionan? No aceptan fácilmente sino que insisten en que sus hijos no harían tales cosas, y además piensan que la persona que está diciendo esas cosas es mala. De la misma manera, si usted realmente ama a alguien, intentará pensar de esa persona de la mejor manera posible.

No obstante, en la actualidad encontramos a quienes piensan mal del resto y hablan cosas malas de los demás con mucha facilidad. Esto no solo se da en relaciones personales, sino que también se critica a aquellos que están en posiciones públicas.

Ellos ni siquiera intentan ver el cuadro completo de lo que realmente ocurrió, y sin embargo propagan rumores sin fundamentos. Debido a las respuestas agresivas en Internet, algunos incluso se suicidan. Ellos simplemente condenan a los demás con sus propias normas y no con la Palabra de Dios. Ahora, ¿cuál es la buena voluntad de Dios?

Santiago 4:12 nos advierte: *"Uno solo es el dador de la ley, que puede salvar y perder; pero tú, ¿quién eres para que juzgues a otro?"*

Solo Dios puede juzgar a alguien. Es decir, Dios nos habla acerca de que es malo juzgar a nuestro prójimo. Supongamos que alguien hace algo realmente malo. En esta situación, para una persona que posee amor espiritual, no importa si dicha persona está en lo correcto o está equivocada; simplemente pensará en lo que es realmente de beneficio para ella. Simplemente quieren que el alma de esa persona y ellos mismos sean amados por Dios.

Por otra parte, el amor perfecto no solo cubre la transgresión, sino también ayuda a la otra persona para que sea capaz de arrepentirse. Además debemos estar dispuestos a enseñar la verdad y tocar el corazón de esa persona para que pueda dirigirse por el buen camino y cambiar. Si tenemos amor espiritual perfecto, no tendremos que esforzarnos por mirar con bondad sino que naturalmente amaremos a la gente que comete muchas transgresiones. Solo vamos a querer confiar y ayudar a dichas personas. Si nosotros no tenemos pensamientos de condenación o juicio hacia los demás, nos alegraremos al conocer a cualquier persona.

El tercer aspecto son todos los malos pensamientos que no están en acuerdo con la voluntad de Dios.

Tener un pensamiento malvado no solo es poseer malos pensamientos acerca de las demás personas, sino tener cualquier tipo de pensamientos que no están en acuerdo con la voluntad de

Dios. En el mundo se dice que las personas que viven en altos estándares morales y de acuerdo a la conciencia son personas bondadosas.

No obstante, ni la moralidad ni la conciencia pueden ser las normas absolutas de la bondad. Ambas tienen muchas cosas que van en contra o están completamente opuestas a la Palabra de Dios. Solo la Palabra de Dios puede ser la norma absoluta de bondad.

Aquellos que aceptan al Señor confiesan que son pecadores. Las personas pueden enorgullecerse de sí mismas por el hecho de que están llevando buenas vidas morales, pero aún siguen teniendo maldad y son pecadoras de acuerdo a la Palabra de Dios. Esto se debe a que todo lo que no está en acuerdo con la Palabra de Dios es malo y pecaminoso, y la Palabra de Dios es el único modelo absoluto de bondad (1 Juan 3:4).

Entonces, ¿cuál es la diferencia entre el pecado y la maldad? En un sentido amplio, el pecado y la maldad son dos falsedades que están en contra de la verdad que es la Palabra de Dios. Ambos son parte de las tinieblas, que está en oposición a Dios, quien es la Luz.

Sin embargo, si entramos en mayores detalles, son bastante diferentes el uno del otro. Si comparamos estos con un árbol, la 'maldad' es como la raíz que se encuentra en la tierra y no es visible, y el 'pecado' es como las ramas, las hojas y los frutos del árbol.

Sin raíces, un árbol no puede tener ramas, hojas o frutos. De igual manera, el pecado se realiza debido a la maldad. La maldad es la naturaleza que está en el corazón de alguien; es la naturaleza que está en contra de la bondad, el amor y la verdad de Dios.

Cuando esta maldad se manifiesta de manera concreta, se la conoce como 'pecado'.

En Lucas 6:45 leemos: *"El hombre bueno, del buen tesoro de su corazón saca lo bueno; y el hombre malo, del mal tesoro de su corazón saca lo malo; porque de la abundancia del corazón habla la boca"*.

Supongamos que una persona está diciendo algo que lastima a alguien a quien odia. Es aquí cuando la maldad en su corazón se manifiesta como 'enemistades' y 'palabras maliciosas', que son pecados específicos. Un pecado se realiza y se especifica según la norma llamada la Palabra de Dios, que es el mandamiento.

Sin ley nadie puede condenar a otro ya que no existe la norma en el discernimiento o juicio de la misma. De igual manera, el pecado es revelado ya que está en contra de la norma de la Palabra de Dios. El pecado puede estar categorizado dentro de las cosas de la carne y las obras de la carne. Las cosas de la carne son pecados cometidos con el corazón y pensamientos tales como las enemistades, la envidia, los celos, una mente adúltera, mientras que las obras de la carne son los pecados cometidos con las acciones como las peleas, los berrinches o el asesinato.

Es de alguna manera similar con los pecados o los crímenes de este mundo que están clasificados en diferentes pecados. Por ejemplo, dependiendo de contra quién se comete un delito, se puede estar en contra de una nación, un pueblo, o de un individuo.

Sin embargo, aunque alguien tenga maldad en su corazón, no es definitivo que cometerá pecados. Si escucha la Palabra de Dios y tiene dominio propio, puede evitar cometer pecados aunque tenga algo de maldad en su corazón. En esta etapa, puede sentirse satisfecho solo al pensar que ya ha logrado la santificación por el hecho de no cometer pecados evidentes.

Sin embargo, para poder llegar a estar completamente santificados debemos despojarnos de la maldad que se encuentra en nuestra naturaleza, que está en lo profundo de nuestro corazón. En nuestra propia naturaleza se encuentra la maldad heredada de nuestros padres; esta no se revela en situaciones comunes, sino que saldrá a la luz en situaciones extremas.

Un refrán coreano dice lo siguiente: "Cualquier persona saltará la valla de su un vecino si no ha comido nada durante tres días". Es igual que decir: "La necesidad no reconoce ley". Hasta que seamos completamente santificados, la maldad que ha permanecido escondida puede ser revelada en situaciones extremas.

Aunque sea muy pequeño, el excremento de mosca sigue siendo excremento. De la misma manera, aunque no son pecados, todas las cosas que no son perfectas ante los ojos de Dios que es perfecto, son formas perfectas del mal. Es por esta razón que 1 Tesalonicenses 5:22 dice: *"Absteneos de toda especie de mal"*.

Dios es amor. Básicamente los mandamientos de Dios pueden ser condensados en el 'amor'. Es decir, no amar es algo malo e injusto. Por consiguiente, para comprobar si estamos tomando en cuenta los agravios sufridos, podemos pensar en la cantidad de amor que tenemos en nosotros. En la medida que amemos a Dios y a las demás almas, no tomaremos en cuenta el mal recibido.

"Y este es su mandamiento: que creamos en el nombre de su Hijo Jesucristo, y nos amemos unos a otros como

nos lo ha mandado" (1 Juan 3:23).

"El amor no hace mal al prójimo; así que el cumplimiento de la ley es el amor" (Romanos 13:10).

No tomar en cuenta el mal recibido

No tomar en cuenta el mal recibido; aún más, no debemos siquiera ver o escuchar cosas malas. Incluso si nos toca ver o escuchar algo falso, no hay que tratar de recordar o pensar en ello de nuevo. Debemos tratar de no recordarlo. Por supuesto, algunas veces quizás no podamos controlar nuestros propios pensamientos. Un pensamiento en particular puede surgir con más fuerza a medida que tratamos de no pensar en él, pero mientras sigamos intentando no tener malos pensamientos mediante la oración, el Espíritu Santo nos ayudará. Jamás debemos ver, escuchar o pensar en cosas malas de manera intencional; también debemos desechar incluso los pensamientos que vienen por instantes a nuestra mente de vez en cuando.

Tampoco debemos participar en ninguna obra de maldad. En 2 Juan 1:10-11 dice: *"Si alguno viene a vosotros, y no trae esta doctrina, no lo recibáis en casa, ni le digáis: ¡Bienvenido! Porque el que le dice: ¡Bienvenido! participa en sus malas obras"*. Es que Dios nos está aconsejando para evitar el mal y no aceptarlo.

Las personas heredan la naturaleza pecaminosa de sus padres. Mientras vivimos en este mundo, llegamos a estar en contacto con muchas falsedades. Basándose en esta naturaleza pecaminosa y las falsedades, una persona forma criterios de su 'ser'. La vida cristiana es para desechar la naturaleza pecaminosa y las falsedades desde el momento que aceptamos al Señor. Para desechar esta naturaleza pecaminosa y las falsedades, necesitamos una buena dosis de paciencia y esfuerzo. Debido a que estamos viviendo en este mundo, estamos más familiarizados con la falsedad que con la verdad. Es relativamente más fácil aceptar la mentira y ponerla dentro de nosotros que echarla fuera de nuestras vidas. Por ejemplo, es fácil ensuciar un vestido blanco con tinta negra, pero es muy difícil remover esa mancha y hacer que el vestido sea nuevamente blanco.

Además, aunque parezca un acto de maldad insignificante, puede desarrollarse y tornarse en un gran acto de maldad en tan solo un instante. Tal como se menciona en Gálatas 5:9 que dice: *"Un poco de levadura leuda toda la masa",* un poco de maldad puede propagarse a muchas personas rápidamente. Por consiguiente, tenemos que tener cuidado incluso de un poco de maldad. Para ser capaces de no pensar en lo malo, tenemos que odiarlo sin tener un segundo pensamiento al respecto. Dios nos manda: *"Los que amáis a Jehová, aborreced el mal..."* (Salmos 97:10), y nos enseña que: *"El temor de Jehová es aborrecer el mal..."* (Proverbios 8:13).

Si usted ama a alguien apasionadamente, le gustará lo que a esa persona le gusta y no le gustará lo que esa persona no le gusta, y no tendrá que tener una razón para ello. Cuando los hijos de Dios quienes han recibido el Espíritu Santo cometen pecados, el Espíritu Santo dentro de ellos gime. Por lo tanto, en sus corazones tienen un sentido de aflicción. Entonces se dan cuenta que Dios aborrece aquellas cosas que hicieron e intentan no cometer pecados nuevamente. Es importante intentar incluso desechar pequeñas formas de maldad y no aceptar ninguna maldad.

Suplir la Palabra de Dios y la oración

La maldad es algo totalmente inútil. Proverbios 22:8 dice: *"El que sembrare iniquidad, iniquidad segará..."*. Es posible que la enfermedad venga sobre nosotros o nuestros hijos, o que enfrentemos accidentes. Quizás vivamos en el dolor debido a la pobreza y los problemas familiares. Después de todo, estos problemas provienen de la maldad.

> *"No os engañéis; Dios no puede ser burlado: pues todo lo que el hombre sembrare, eso también segará"* (Gálatas 6:7).

Por supuesto, posiblemente los problemas no aparezcan inmediatamente ante sus ojos. En este caso, cuando la maldad se acumula hasta cierto punto, es posible que luego cause problemas que afecten a nuestros hijos. Debido a que las personas mundanas no comprenden este tipo de regla, hacen muchas cosas malas en diferentes maneras.

Por ejemplo, consideran que es normal vengarse contra los que les hicieron daño. Proverbios 20:22 dice: *"No digas: Yo me vengaré; espera a Jehová, y él te salvará"*.

Dios controla la vida, la muerte, la fortuna y la desgracia de la humanidad conforme a su justicia. Por consiguiente, si hacemos el bien de acuerdo a la Palabra de Dios, sin duda cosecharemos frutos de bondad. Es tal como se nos promete en Éxodo 20:6, que dice: *"...y hago misericordia a millares, a los que me aman y guardan mis mandamientos".*

Para mantenernos alejados del mal, debemos aborrecer la maldad, y sobre todo, ampliamente debemos abastecernos de dos cosas en todo tiempo. Estas son: La Palabra de Dios y la oración. Cuando meditamos en la Palabra de Dios día y noche, podemos apartar los malos pensamientos y tener pensamientos buenos y espirituales. Podemos entender qué tipo de acto es un acto de amor verdadero.

Además, cuando oramos, meditamos en la Palabra de una manera más profunda, para así darnos cuenta de la maldad en nuestras palabras y obras. Cuando oramos fervientemente con la ayuda del Espíritu Santo, podemos gobernar y desechar la maldad de nuestros corazones. Debemos rápidamente desechar la maldad con la Palabra de Dios y la oración para que podamos vivir una vida llena de felicidad.

10. El amor no se regocija de la injusticia

Cuanto más desarrollada es una sociedad, más posibilidades hay para que los hombres honrados tengan éxito. Por el contrario, los países menos desarrollados tienden a tener más corrupción, y casi cualquier cosa puede obtenerse o hacerse con el dinero. Se conoce a la corrupción como la enfermedad de las naciones, ya que se relaciona con la prosperidad del país. La corrupción y la injusticia también afectan en gran manera la vida de los individuos. Las personas que son egoístas no pueden obtener verdadera satisfacción porque solo piensan en sí mismos y no pueden amar a los demás.

El no regocijarse con la injusticia y no tener en cuenta un mal sufrido son cosas muy similares. 'No tomar en cuenta el mal recibido' es no tener ninguna forma de maldad en el corazón. 'No regocijarse de la injusticia' es no estar satisfecho con la conducta, acciones o comportamiento vergonzoso o deshonroso, y no participar en ello.

Supongamos que usted está celoso de un amigo que tiene muchas riquezas. También le disgusta porque parece que siempre se jacta de su riqueza. Además puede pensar: "Él tiene tanto dinero, ¿y qué hay de mí? ¡Ojalá se vaya a la quiebra!" Esto es pensar en cosas que son malas. Sin embargo, un día alguien lo estafa y su compañía se declara en banca rota de la noche a la mañana. En este caso, si se alegra por lo sucedido y piensa: "Estaba haciendo mucho alarde de sus riquezas. ¡Se lo merece!"; esto es alegrarse o estar complacido con la injusticia. Además, si usted es partícipe de este tipo de obrar, se estará alegrando activamente de la injusticia.

Existe la injusticia en general; incluso los no creyentes creen que tales cosas son injusticias. Por ejemplo, algunas personas acumulan sus riquezas de manera deshonesta mediante el engaño o amenazando por la fuerza. Uno puede romper las normas y leyes del país y aceptar algo a cambio de su beneficio personal. Si un juez da una sentencia injusta después de recibir sobornos y un hombre inocente es castigado por ello, a la vista de todos se trata de un acto de injusticia. Esto es hacer mal uso de su autoridad como juez.

Cuando alguien vende algo, puede engañar en el volumen o la calidad del producto. Puede utilizar materia prima barata y de baja calidad para obtener beneficios indebidos. No pensará en los demás sino en sus propios beneficios a corto plazo. Sabe lo que es correcto, pero no duda en engañar a los demás, ya que se regocija en el dinero injusto. De hecho, hay tantas personas que engañan a otros para obtener ganancias injustas. ¿Pero qué hay de nosotros? ¿Podemos decir que estamos limpios?

Supongamos que algo como lo siguiente ha sucedido. Usted es un trabajador civil y llega a enterarse que uno de sus amigos está ganando una gran cantidad de dinero de manera ilegal en algunos negocios. Si es capturado, será castigado con dureza, así que este amigo le da una gran cantidad de dinero para que usted pueda estar tranquilo y hacer caso omiso de este asunto por un tiempo. Después le dice que le dará incluso una mayor cantidad de dinero. En ese mismo momento su familia está atravesando por una emergencia y usted está necesitando esa gran cantidad de dinero.

Ahora le pregunto, ¿qué haría usted?

Imaginemos ahora otra situación. Cierto día, usted revisa la cuenta de su banco y tiene más dinero del que creía haber tenido. Luego se da cuenta que la cantidad que debía ser transferida como impuestos no fue retirada. ¿En este caso, cómo reaccionaría usted? ¿Se pondría feliz pensando que fue negligencia de ellos y no su responsabilidad?

2 Crónicas 19:7 dice: *"Sea, pues, con vosotros el temor de Jehová; mirad lo que hacéis, porque con Jehová nuestro Dios no hay injusticia, ni acepción de personas, ni admisión de cohecho"*. Dios es justo; Él no es injusto en absoluto. Quizás estemos cubiertos de los ojos de las personas, pero no podemos engañar a Dios. Por consiguiente, tan solo con el temor de Dios, debemos ir por el camino correcto con honestidad.

Consideremos el caso de Abraham. Cuando su sobrino fue capturado en Sodoma debido a la guerra, Abraham recuperó no solo a su sobrino, sino también otras personas que fueron capturadas y sus posesiones. El rey de Sodoma quiso mostrar su agradecimiento al darle a Abraham algunas de las cosas que había recuperado del rey, pero él no las aceptó.

> *"Y respondió Abram al rey de Sodoma: He alzado mi mano a Jehová Dios Altísimo, creador de los cielos y de la tierra, que desde un hilo hasta una correa de calzado, nada tomaré de todo lo que es tuyo, para que no digas: Yo enriquecí a Abram"* (Génesis 14:22-23).

Cuando su esposa Sara murió, el dueño del terreno le ofreció un sepulcro, pero él no lo aceptó sino que pagó su precio justo. Esto fue así para que luego no existieran disputas acerca de la tierra. Abraham hizo lo que hizo porque era un hombre honesto; no quería recibir ninguna ganancia inmerecida o injusta. Si él hubiera querido dinero, simplemente hubiera ido tras lo que era de ganancia para él.

Aquellos que aman a Dios y son amados por Él, jamás harán daño a nadie ni irán tras sus propios beneficios quebrantando la ley del país. No esperan nada más de lo que se merecen obtener a través de su trabajo honesto. Aquellos que se regocijan en la injusticia no poseen amor por Dios o por su prójimo.

La injusticia a los ojos de Dios

La injusticia en el Señor es diferente a la injusticia en un contexto general. No se trata solo de violar la ley y causar daño a otros, sino todos y cada uno de los pecados que están en contra de la Palabra de Dios. Cuando el mal en el corazón surge en una forma específica se torna un pecado, y este es la injusticia. Entre las muchas señales, la injusticia se refiere a las obras de la carne.

Es decir, enemistades, envidias, celos y otros tipos de maldad en el corazón que se llevan a cabo en acciones como las peleas, contiendas, violencia, fraudes o asesinatos. La Biblia nos dice que si realizamos actos de injusticia, es difícil incluso ser salvos.

En 1 Corintios 6:9-10 leemos: *"¿No sabéis que los injustos no heredarán el reino de Dios? No erréis; ni los fornicarios, ni los idólatras, ni los adúlteros, ni los afeminados, ni los que se echan con varones, ni los ladrones, ni los avaros, ni los borrachos, ni los maldicientes, ni los estafadores, heredarán el reino de Dios".*

Acán fue una de las personas que amaban la injusticia. Eso dio lugar a su destrucción. Él fue parte de la segunda generación del Éxodo y desde niño vio y oyó hablar de las cosas que Dios había hecho por su pueblo. Él vio la columna de nube que los guiaba durante el día y la columna de fuego durante la noche. Vio cómo la corriente del río Jordán se detuvo y la fuerte ciudad de Jericó cayó en un instante. Además conocía muy bien la orden del líder, Josué; nadie podría tomar ninguna de las cosas que estaban en la ciudad de Jericó porque serían ofrecidas a Dios.

No obstante, el momento que él vio las cosas que se encontraban en la ciudad de Jericó, perdió el sentido por causa de la avaricia. Después de llevar una vida durante tanto tiempo en el desierto seco, las cosas en la ciudad tenían un aspecto muy hermoso. En el momento en que vio el hermoso abrigo y las piezas de oro y plata, se olvidó de la Palabra de Dios y del mandato de Josué y los escondió para sí mismo.

Debido a este pecado de Acán de quebrantar el mandato de Dios, Israel sufrió muchas bajas en la guerra siguiente. Fue debido a que perdieron, que la injusticia de Acán fue revelada, y él junto a su familia fueron apedreados hasta la muerte. Las piedras formaron un montículo y ese lugar fue llamado el Valle de Acor.

Además, examine Números 22-24. Balaam era un hombre que podía comunicarse con Dios. Un día Balac, el rey de Moab, le pidió que maldijera al pueblo de Israel. Entonces Dios le dijo a Balaam: *"No vayas con ellos, ni maldigas al pueblo, porque bendito es"* (Números 22:12).

Después de escuchar la Palabra de Dios Balaam rehusó responder la petición del rey de Moab. Sin embargo, cuando el rey le envió oro y plata y muchos tesoros, su mente se estremeció. Al final, sus ojos estaban cegados por el tesoro, y le dijo al rey que estableciera una trampa ante el pueblo de Israel. Pero, ¿cuál fue el resultado? Los hijos de Israel comieron el alimento sacrificado a los ídolos y adulteraron trayendo de este modo sobre ellos gran tribulación, y Balaam fue finalmente asesinado por la espada. Este fue el resultado de tener amor por las ganancias injustas.

A los ojos de Dios, las injusticias están relacionadas directamente con la salvación. ¿Qué debemos hacer si vemos a los hermanos y a las hermanas en la fe actuar injustamente al igual que los no creyentes en el mundo? Por supuesto, debemos gemir por ellos, orar y ayudarles a vivir de acuerdo a la Palabra. Sin embargo, algunos creyentes envidian a aquellas personas y piensan: "Yo también quiero llevar una vida cristiana más fácil y cómoda como ellos". Además, si usted participa con ellos, no podemos decir que ama al Señor.

Jesús, siendo inocente, murió para traernos a nosotros que somos injustos hacia Dios (1 Pedro 3:18). Al darnos cuenta de este gran amor del Señor, nunca debemos regocijarnos en la injusticia. Aquellos que no se regocijan en la injusticia no simplemente evitan practicar la injusticia, sino que viven de manera activa por la Palabra de Dios. De esta manera pueden convertirse en amigos del Señor y llevar vidas prósperas (Juan 15:14).

11. El amor se alegra con la verdad

Juan, uno de los doce discípulos de Jesús, se salvó de ser martirizado y vivió hasta que murió de viejo difundiendo el Evangelio de Jesucristo y la voluntad de Dios a muchas personas. Una de las cosas de las que pudo disfrutar en sus últimos años fue escuchar que los creyentes estaban intentando vivir según la Palabra de Dios, la verdad.

Por esta razón dijo: *"Pues mucho me regocijé cuando vinieron los hermanos y dieron testimonio de tu verdad, de cómo andas en la verdad. No tengo yo mayor gozo que este, el oír que mis hijos andan en la verdad"* (3 Juan 1:3-4).

Podemos ver cuánto gozo él tenía basados en la expresión 'mucho me regocijé'. Juan solía tener mal carácter, incluso había sido llamado "hijo del trueno" cuando era joven, pero después de que cambió fue llamado el apóstol del amor.

Si amamos a Dios no practicaremos la injusticia, y además pondremos en práctica la verdad. Nosotros debemos regocijarnos con la verdad. La verdad hace referencia a Jesucristo, desde el evangelio y todos los 66 libros de la Biblia. Aquellos que aman a Dios y son amados por Él, definitivamente se regocijarán con Jesucristo y con el evangelio. Se alegran cuando el reino de Dios crece. Ahora, ¿qué significa alegrarse con la verdad?

Primero, es alegrarse con el 'evangelio'.

El 'evangelio' es la buena noticia de que somos salvos por

medio de Jesucristo y que iremos al reino de los cielos. Muchas personas buscan la verdad haciendo las siguientes preguntas: "¿Cuál es el propósito de la vida? ¿Cuál es el valor de la vida?" Para obtener las respuestas a estas preguntas, las personas estudian ideas y filosofías, o intentan obtener las respuestas por medio de las religiones. Sin embargo, la verdad es Jesucristo, y nadie puede ir al Cielo sin Él. Es por esta razón que Jesús dijo: *"Yo soy el camino, y la verdad, y la vida; nadie viene al Padre, sino por mí"* (Juan 14:6).

Nosotros recibimos la salvación y obtenemos la vida eterna al aceptar a Jesucristo. Somos perdonados de nuestros pecados por medio de la sangre del Señor y somos sacados del Infierno al Cielo. En ese momento podemos comprender el significado de la vida y llevar vidas valiosas. Por consiguiente, es algo obvio que podamos alegrarnos con el evangelio. Aquellos que se alegran con el evangelio lo comparten con los demás diligentemente. Ellos cumplirán con las responsabilidades entregadas por Dios y trabajarán fielmente para difundirlo. Además se alegran cuando las almas escuchan el evangelio y reciben salvación al aceptar al Señor. Se alegran cuando el reino de Dios crece. 1 Timoteo 2:4 dice: *"El cual [Dios] quiere que todos los hombres sean salvos y vengan al conocimiento de la verdad"*.

No obstante, algunos creyentes son celosos de los demás cuando evangelizan a muchas personas y producen abundante fruto. Algunas iglesias son envidiosas de las demás iglesias cuando estas crecen y le dan a Dios la gloria. Esto no es 'alegrarse con la verdad'. Si tenemos amor espiritual en nuestros corazones, entonces nos alegraremos cuando veamos que el reino de Dios se cumple en gran manera. Nos regocijaremos juntos cuando veamos a una iglesia que está creciendo y es amada por Dios. Esto es alegrarnos con la verdad, regocijarse con el evangelio.

En segundo lugar, alegrarse con la verdad significa alegrarse con todo lo que pertenece a la verdad.

Es alegrarse de ver, oír, y hacer las cosas que pertenecen a la verdad, como la bondad, el amor y la justicia. Aquellos que se regocijan con la verdad son conmovidos y derraman lágrimas al escuchar acerca de pequeñas buenas acciones. Ellos confiesan que la Palabra de Dios es la verdad y es más dulce que la miel del panal de abejas. Por ello disfrutan escuchar los sermones y leer la Biblia todo el tiempo. Además, se regocijan en poner en práctica la Palabra de Dios. Con alegría obedecen la Palabra de Dios que nos dice que debemos 'servir, comprender y perdonar' incluso a aquellos que nos hacen pasar momentos difíciles.

David amó a Dios y él quería construir el Templo de Dios. Pero Dios no le dejó que lo hiciera. La razón está escrita en 1 Crónicas 28:3: *"Mas Dios me dijo: Tú no edificarás casa a mi nombre, porque eres hombre de guerra, y has derramado mucha sangre"*. Era inevitable que David derramara sangre porque había estado en muchas guerras, pero a los ojos de Dios, David no se consideró alguien apropiado para realizar esa tarea.

David no pudo construir el Templo pero preparó todos los materiales de construcción para que su hijo Salomón pudiera construirlo. David preparó los materiales con todas sus fuerzas, y el hacer esto le hizo sentir abrumadoramente feliz. *"Y se alegró el pueblo por haber contribuido voluntariamente; porque de todo corazón ofrecieron a Jehová voluntariamente"* (1 Crónicas 29:9).

Por lo tanto, aquellas personas que se regocijan con la verdad, se regocijarán cuando otras personas estén bien, y no son celosas. Es inimaginable para ellas pensar cosas malas como: *"Algo debe estar mal con esa persona"*, o regocijarse a causa de la infelicidad de los demás. Cuando ven que algo injusto sucede, sufren por ello. Además aquellos que se alegran con la verdad son capaces de amar con bondad, con un corazón inmutable y con veracidad e integridad. También se alegran con palabras y obras buenas. Dios se alegra de ellos con cánticos de júbilo tal como podemos leer en Sofonías 3:17 (LBLA) que dice: *"El Señor tu Dios está en medio de ti, guerrero victorioso; se gozará en ti con alegría, en su amor guardará silencio, se regocijará por ti con cantos de júbilo"*.

Incluso si usted no puede estar alegre con la verdad todo el tiempo, no tiene que sentirse desanimado o decepcionado. Si se esfuerza al máximo, el Dios de amor considera incluso ese esfuerzo como 'alegrarse con la verdad'.

En tercer lugar, alegrarse con la verdad es creer en la Palabra de Dios e intentar ponerla en práctica.

Es algo extraño encontrar a una persona que se alegre solo con la verdad desde un comienzo. Mientras tengamos tinieblas y falsedad en nosotros, puede ser que pensemos en cosas malas o que quizás también nos alegremos con la injusticia. Sin embargo, cuando vamos cambiando poco a poco y nos despojamos de toda la falsedad del corazón, podemos regocijarnos completamente con la verdad. Hasta que llegue ese momento, debemos esforzarnos en gran manera.

Por ejemplo, no todos se sienten felices de asistir a los servicios de adoración. En el caso de un nuevo creyente o aquellos que poseen una fe débil, puede ser que se sientan cansados o sus corazones pueden estar en otro lugar. Puede ser que se estén preguntando acerca de los resultados de los juegos de béisbol o tal vez están nerviosos acerca de la reunión de trabajo que tendrán al siguiente día.

No obstante, la obra de llegar al santuario y asistir al servicio de adoración es el esfuerzo de intentar obedecer a la Palabra de Dios. Esto también es 'alegrarse con la verdad'. ¿Por qué intentamos esto de esta manera? Es para recibir la salvación y entrar al Cielo. Debido a que hemos escuchado la Palabra de la verdad y hemos creído en Dios, también creemos que existe un juicio y que el Cielo y el Infierno existen. Ya que conocemos que habrán diferentes recompensas en el Cielo, intentamos con mayor diligencia ser santificados y obrar fielmente en toda la casa de Dios. Aunque quizás no podamos regocijarnos con la verdad por completo, si nos esforzamos por hacer lo mejor en la medida de la fe, estaremos alegrándonos con la verdad.

Hambre y sed por la verdad

Debería ser algo tan natural para nosotros alegrarnos con la verdad. Solo la verdad nos da vida eterna y puede cambiarnos por completo. Si escuchamos la verdad, es decir el evangelio, y lo ponemos en práctica podremos obtener la vida eterna y nos convertiremos en verdaderos hijos de Dios. Debido a que estamos llenos con la esperanza por el reino de los cielos y el amor espiritual, nuestros rostros brillarán de alegría. Además, en la medida que cambiemos hacia la verdad, seremos felices porque somos amados y bendecidos por Dios, y además somos amados por muchas personas.

Deberíamos regocijarnos con la verdad todo el tiempo y tener hambre y sed por la verdad. Si físicamente tiene hambre y sed, usted deseará con todo su corazón comida y bebida. Cuando tenemos deseo por la verdad, debemos desearlo con todo nuestro corazón, para que rápidamente podamos cambiar y convertirnos en personas veraces. Tenemos mantenernos siempre en una vida de 'comer y beber' la verdad. ¿Qué es comer y beber la verdad? Es guardar la Palabra de Dios, la verdad, en nuestro corazón y ponerla en práctica.

Si estamos frente a alguien a quien amamos en gran manera, es difícil esconder la alegría de nuestro rostro. Lo mismo sucede cuando usted ama a Dios. En este momento no somos capaces de estar delante de Dios cara a cara, pero si de verdad amamos a Dios, lo mostraremos en nuestro exterior. Esto es, si escuchamos y vemos algo acerca de la verdad, nos sentiremos alegres y felices. Nuestro rostro de alegría no pasará desapercibido por la gente que nos rodea. Derramaremos lágrimas en acción de gracias tan solo al pensar en Dios y el Señor, y nuestros corazones serán conmovidos con pequeños actos de bondad.

Las lágrimas que pertenecen a la bondad, tales como las lágrimas de agradecimiento y de duelo por las demás almas, más tarde se convertirán en joyas hermosas para decorar las casas de cada uno en el Cielo. Alegrémonos con la verdad para que nuestras vidas estén llenas de la evidencia de que somos amados por Dios.

Características del amor espiritual II

6. El amor no se porta indecorosamente

7. El amor no busca lo suyo

8. El amor no se irrita

9. El amor no toma en cuenta el mal recibido

10. El amor no se regocija de la injusticia

11. El amor se alegra con la verdad

12. El amor todo lo sufre

Al aceptar a Jesucristo e intentar vivir por medio de la Palabra de Dios, hay muchas cosas que debemos soportar. Tenemos que soportar situaciones de provocación. También tenemos que ejercer autocontrol sobre nuestra tendencia a seguir nuestros propios deseos. Es por eso que la descripción de la primera característica del amor dice que es paciente.

Ser paciente se trata de la lucha que experimenta una persona dentro de su ser al intentar despojarse de las falsedades del corazón. La frase 'todo lo sufre', tiene un significado más amplio. Después de cultivar la verdad en nuestro corazón por medio de la paciencia, hay que sufrir con todos los dolores que puedan surgir en el camino a causa de otras personas. En particular, es soportar todas las cosas que no están en acuerdo con el amor espiritual.

Jesús vino a este mundo para salvar a los pecadores, pero ¿cómo lo trataron las personas? Él solo hizo cosas buenas, y aun así las personas se burlaban, no le hacían caso y lo ignoraban. Eventualmente lo crucificaron. Sin embargo, Jesús aún sufrió todo esto de las personas y ofreció oraciones de intercesión por ellas continuamente. Él oró de la siguiente manera: *"Padre, perdónalos, porque no saben lo que hacen..."* (Lucas 23:34).

¿Cuál fue el resultado de que Jesús soportara todas estas cosas y que amara a las personas? Todo aquel que acepta a Jesús como su salvador personal, puede recibir salvación y convertirse en hijo de Dios. Hemos sido liberados de la muerte y trasladados a la vida eterna.

Hay un dicho coreano que dice: "Hay que triturar un hacha para hacer una aguja". Esto significa que con paciencia y tolerancia podemos lograr cualquier tipo de tarea difícil. ¿Cuánto tiempo y esfuerzo se necesita para triturar un hacha de acero para hacer una aguja? Aparentemente parece una tarea imposible y quizás alguien piense: "¿Por qué simplemente no se vende el hacha para comprar alfileres?"

No obstante, Dios voluntariamente asumió dicha tarea, ya que Él es el Señor de nuestro espíritu. Dios es lento para la ira y siempre permanece con nosotros mostrándonos Su misericordia y bondad por el simple hecho de que nos ama. Él poda y pule a la gente a pesar de que sus corazones están tan endurecidos como el acero. Dios espera que todos nos convirtamos en Sus hijos verdaderos, aunque no parezcamos tener alguna posibilidad de convertirnos en uno.

> *"La caña cascada no quebrará, y el pábilo que humea no apagará, hasta que saque a victoria el juicio"* (Mateo 12:20).

Incluso en la actualidad Dios soporta todo el dolor que proviene de ver las acciones de las personas y espera por nosotros con alegría. Él ha sido paciente con las personas, esperando que cambien por medio de la bondad aunque hayan actuado con maldad por miles de años. A pesar de que le han dado la espalda a Dios y han servido a los ídolos, Él les ha mostrado que es el Dios verdadero y ha permanecido con ellos con fe. Si Dios dice: "Tú estás lleno de injusticias y eres alguien desvalido. Ya no puedo estar contigo", entonces, ¿cuántas personas podrían ser salvas?

Tal como Jeremías 31:3 declara: *"...con amor eterno te he amado; por tanto, te prolongué mi misericordia",* Dios nos guía con este amor eterno que nunca se termina.

Al realizar mi ministerio como pastor de una iglesia grande, he sido capaz de entender esa paciencia de Dios en cierta medida. Ha habido muchas personas que han tenido muchos pecados o defectos, pero al sentir el corazón de Dios, siempre los he mirado con los ojos de la fe de que algún día cambien y le puedan dar la gloria a Dios. Como he sido paciente una y otra vez y he tenido fe en ellos, muchos miembros de la iglesia crecieron como buenos líderes.

En cada ocasión pronto olvidaba el tiempo de sufrimiento para ellos, y yo sentía que solo había sido por un momento. En 2 Pedro 3:8 leemos: *"Mas, oh amados, no ignoréis esto: que para con el Señor un día es como mil años, y mil años como un día",* yo pude entender lo que este versículo significa. Dios había soportado todas estas cosas durante tanto tiempo, y aun así, consideró que esos momentos solo habían sido pasajeros. Démonos cuenta de este amor de Dios y con este amemos a todo el mundo que nos rodea.

13. El amor todo lo cree

Si usted realmente ama a alguien, creerá todo lo que le diga. Incluso si es que la otra persona tiene algunos defectos, usted todavía trataría de creer en ella. El esposo y la esposa están ligados por el amor. Si una pareja de casados ya no tiene amor, significa que entre ellos se perdió la confianza por lo cual pelean por cada asunto y tienen dudas acerca de todo lo que respecta su pareja. En los casos graves tienen delirios de infidelidad y se causan entre sí dolores físicos y mentales. Si realmente se aman entre sí, se tendrán completa confianza, y creerán que su pareja es una buena persona y que eventualmente será mejor. Entonces, tal como habían pensado, su cónyuge se vuelve excelente en su campo o tiene éxito en lo que hace.

La confianza y la fe pueden ser una norma para medir la fortaleza del amor. Por consiguiente, creer en Dios completamente es amarlo completamente. Abraham, el padre de la fe, fue llamado amigo de Dios. Sin dudar en absoluto, Abraham obedeció el mandato de Dios que le decía que ofreciera a su único hijo Isaac. Pudo hacerlo porque creía en Dios completamente. Al ver Dios el tipo de fe de Abraham pudo reconocer su amor.

Amor es creer en el otro. Aquellos que aman a Dios completamente, también creerán en Él por completo. Creen todas y cada una de las palabras de Dios, y debido a que creen en todas las cosas, soportan todas las cosas. Para soportar todas las cosas que están en contra del amor, debemos creer. Es decir, solo cuando creemos todas las palabras de Dios, podemos esperar todas las cosas y circuncidar nuestro corazón para abstenernos de todo lo que está en contra del amor.

Por supuesto, en un sentido más estricto, no es que nosotros creímos en Dios porque lo amábamos desde el principio, sino que Dios nos amó primero, y al creer ese hecho, hemos llegado a amar a Dios. ¿Cómo nos amó Dios? De manera generosa dio a Su único Hijo por nosotros, pecadores, para abrir el camino de nuestra salvación.

Al principio llegamos a amar a Dios por creer este hecho, pero si cultivamos el amor espiritual por completo, llegaremos a un nivel en el que creemos totalmente porque amamos. Cultivar el amor espiritual por completo significa que ya nos hemos despojado de toda falsedad en nuestro corazón y, si ya no tenemos falsedad en nuestro corazón, recibiremos fe espiritual desde lo alto, con la cual podemos creer desde lo más profundo de nuestro corazón. Entonces no dudaremos de la Palabra de Dios, y nuestra confianza en Él jamás será sacudida. Además, si cultivamos por completo el amor espiritual, creeremos en todos. No es porque la gente es digna de confianza, pero incluso cuando están llenas de iniquidades y tienen muchas deficiencias, los miramos con los ojos de la fe.

Debemos estar dispuestos a creer en cualquier tipo de persona y también creer en nosotros mismos. Aunque tengamos muchos defectos, tenemos que creer en Dios, que nos cambiará, y debemos mirarnos a nosotros mismos con los ojos de la fe y saber que pronto cambiaremos. El Espíritu Santo siempre nos está diciendo en nuestro corazón: "Tú puedes hacerlo. Yo te ayudaré". Si usted cree en este amor y confiesa: "Yo puede hacer mejor; puedo cambiar", entonces Dios lo cumplirá de acuerdo a su confesión y su fe. ¡Cuán hermoso es poder creer!

Dios también cree en nosotros. Él cree que cada uno de nosotros podrá llegar a conocer el amor de Dios y llegar al camino de la salvación. Debido a que Él nos mira a todos con los ojos de la fe, sacrificó de manera generosa a Su único Hijo, Jesús, en la cruz. Dios creía que incluso aquellos que no conocían o creían en el Señor aún serían salvos y estarían a Su lado. Creía que aquellos que ya habían aceptado al Señor serían cambiados en el tipo de hijos que se asemejan mucho a Dios. Creamos en todo tipo de persona con este amor de Dios.

14. El amor todo lo espera

Se dice que estas palabras están escritas en una de las lápidas en la Abadía de Westminster en el Reino Unido: "Durante mi juventud yo quería cambiar el mundo, pero no pude. En mi edad madura traté de cambiar a mi familia, pero no pude. Solo al acercarme a mi muerte me di cuenta de que podría haber cambiado todo eso, si tan solo yo hubiera cambiado".

Por lo general las personas intentan cambiar a los demás si es que no les gusta algo acerca de alguna persona. No obstante, es casi imposible cambiar a las demás personas. Algunas parejas de casados pelean por asuntos triviales tales como apretar la pasta de dientes de la parte superior o inferior. Primeramente tenemos que cambiar nosotros mismos antes de intentar cambiar al resto. Y luego, con amor por ellos, podemos esperar que los demás cambien, genuinamente esperando que puedan cambiar.

Esperarlo todo es añorar y esperar que todo lo que usted cree se haga realidad. Es decir, si amamos a Dios, creeremos en cada una de las palabras de Dios y con esperanza de que todo se hará de acuerdo a Su Palabra. Usted está esperando para los días en que compartirá el amor de Dios Padre para siempre en el hermoso reino celestial. Es por ello que soporta y sufre todas las cosas para correr su carrera de la fe. Sin embargo, ¿qué pasaría si no hubiera esperanza?

Aquellos que no creen en Dios no pueden tener esperanza por el reino de los cielos. Es por esta razón que ellos simplemente viven de acuerdo a sus propios deseos, debido a que no poseen esperanza para el futuro. Ellos tratan de ganar más cosas y sufren dificultades para alcanzar las cosas que codician. Sin embargo, sin importar la cantidad de cosas que tengan y disfruten, no pueden obtener verdadera satisfacción, y llevan sus vidas con miedo por las cosas en el futuro.

Por otra parte, aquellos que creen en Dios todo lo esperan, por lo que toman el camino angosto. ¿Por qué decimos que es un camino angosto? Significa que es estrecho a los ojos de los no creyentes en Dios. Al aceptar a Jesucristo y convertirnos en hijos de Dios, permanecemos en la iglesia todo el día domingo para asistir a los servicios de adoración, sin realizar ninguna actividad secular para nuestro placer. Trabajamos para el reino de Dios con obras voluntarias y oramos para llevar nuestras vidas mediante la Palabra de Dios. Tales cosas son difíciles de realizar sin la fe, y es por eso que decimos que es un camino angosto.

En 1 Corintios 15:19 el apóstol Pablo dice: *"Si en esta vida solamente esperamos en Cristo, somos los más dignos de conmiseración de todos los hombres"*. Si lo vemos de manera carnal, la vida de sufrimiento y trabajo duro parece ser gravosa. Sin embargo, si tenemos esperanza por todas las cosas, seremos más felices que de cualquier otra manera. Si estamos con aquellos a quienes amamos tanto, nos sentiremos felices incluso en una casa que se encuentre en ruinas. Y al pensar en el hecho de que viviremos con nuestro amado Señor por la eternidad en el Cielo, ¡cuán felices estaremos! Con tan solo pensar en ello nos sentimos emocionados y felices. De este modo, con amor verdadero esperamos y confiamos incondicionalmente hasta que todo lo que creemos se haga realidad.

Esperar todo con fe es algo poderoso. Por ejemplo, digamos

que uno de sus hijos está yendo por mal camino y no está estudiando en absoluto. Incluso su hijo, si usted creen en él diciéndole que cree que puede lograrlo y lo mira con ojos de esperanza de que va a cambiar, puede convertirse en un buen hijo en cualquier momento. La fe de los padres en su hijo simultáneamente incrementará la confianza propia en su hijo. Aquellos niños que poseen confianza propia tienen la fe de que pueden hacer todas las cosas y así podrán vencer sobre las dificultades, y este tipo de actitudes influencia también en su rendimiento académico.

Lo mismo sucede cuando nos preocupamos por las almas en la iglesia. En cualquier caso, no debemos apresurarnos a realizar conclusiones acerca de las personas. No debemos desanimarnos y pensar: "Parece ser muy difícil para esa persona poder cambiar", o "ella sigue siendo igual". Debemos ver a todos con ojos de esperanza que pronto cambiarán y que serán suavizados por el amor de Dios. Debemos seguir orando por ellos y animarles diciéndoles y creyendo: "¡Tú puedes hacerlo!"

15. El amor todo lo soporta

1 Corintios 13:7 (LBLA) dice que el amor: *"Todo lo sufre, todo lo cree, todo lo espera, todo lo soporta"*. Si usted ama, puede soportar todas las cosas. Entonces, ¿qué significa 'soportar'? Cuando sufrimos con todas las cosas que no están en acuerdo con el amor, surgirán algunas consecuencias por ello. Cuando hay viento en un lago o el mar, habrá también olas. Incluso después de que el viento se calma, aún habrán algunas olas de viento restantes. Incluso si lo sufrimos todo, no se terminará tras sobrellevar todas las cosas. Habrá algunas consecuencias o secuelas.

Por ejemplo, Jesús dijo en Mateo 5:39 lo siguiente: *"No resistáis al que es malo; antes, a cualquiera que te hiera en la mejilla derecha, vuélvele también la otra"*. Tal como dice, aunque alguien le golpee en la mejilla derecha, no tiene que devolver el golpe, sino que debe soportarlo. Entonces, ¿esto es todo? Habrán efectos secundarios por ello; tendrá dolor en su mejilla; sin embargo, el dolor en el corazón será todavía mayor. Por supuesto, las personas tienen razones diferentes para experimentar dolor en su corazón. Algunas sienten dolor en su corazón porque sienten que han sido golpeadas sin razón y se sienten enojadas por ello. Algunas pueden sentir dolor en sus corazones y sentirse apenadas por hacer que los demás se enojaran. Quizás otros se sienten apenados por ver a otro hermano que no puede mantener su temperamento, sino que al instante lo expresa físicamente en vez de hacerlo de una manera más constructiva y apropiada.

Las consecuencias de sufrir con algo también pueden venir a

través de las circunstancias externas. Por ejemplo, alguien le da una bofetada en la mejilla derecha. Luego coloca su otra mejilla de acuerdo a la Palabra. Entonces, le da una bofetada en la mejilla izquierda. Usted se fastidia con el hecho de seguir la Palabra, no obstante, la situación parece en realidad empeorar.

Este fue el caso de Daniel. Él no se comprometió sabiendo que sería arrojado al foso de los leones. Debido a que amaba a Dios, él nunca dejó de orar ni siquiera en situaciones en las que su vida estaba en peligro. Además, no actuó con maldad hacia los que estaban tratando de matarlo. Por lo tanto, ¿cambió todo para bien de él ya que estaba soportando todo de acuerdo a la Palabra de Dios? ¡No, él fue arrojado al foso de los leones!

Quizás podemos pensar que todas las pruebas deben desaparecer si batallamos con las cosas que no están en conformidad con el amor. Entonces, ¿cuál es la razón por la que las pruebas se siguen dando? Es debido a que el Dios de amor quiere hacernos perfectos y darnos bendiciones asombrosas. Los campos llevarán cosechas sanas y fuertes al recibir la lluvia, el viento y el sol abrasador. La providencia de Dios es tal que podemos levantarnos como verdaderos hijos de Dios por medio de tales pruebas.

Las pruebas son bendiciones

El enemigo diablo y Satanás perturba la vida de los hijos de Dios cuando tratan de vivir en la Luz. Satanás siempre intenta encontrar todos los motivos posibles para acusar a las personas, y si ellas muestran un poco de imperfección, entonces él las acusa.

Un ejemplo es cuando alguien actúa con maldad en contra de usted y lo sobrelleva en lo externo, pero por dentro continúa teniendo malos sentimientos. El enemigo diablo y Satanás conoce esto y trae acusaciones en contra de usted debido a esos sentimientos. Entonces Dios tiene que permitir pruebas de acuerdo a las acusaciones. Hasta que reconozcamos que no poseemos maldad en nuestro corazón, habrá pruebas llamadas 'pruebas de refinamiento'. Por supuesto, incluso después de despojarnos de todo pecado y santificarnos por completo, pueden haber pruebas. Este tipo de pruebas nos permiten recibir bendiciones aún mayores. Por medio de ellas, no simplemente nos quedamos en el nivel de no tener maldad, sino que también cultivaremos más amor y más bondad perfecta que no tenga mancha ni defecto alguno.

No es solo para las bendiciones personales; el mismo principio se aplica cuando tratamos de cumplir con el reino de Dios. Para que Dios pueda mostrar grandes obras, cierta medida debe alcanzarse en la escala de la justicia. Al mostrar mucha fe y obras de amor, debemos probar que poseemos el vaso para recibir las respuestas, para que el enemigo diablo no pueda oponerse a ello.

Por esta razón, Dios a veces permite pruebas en nuestras vidas. Si nosotros soportamos solo con bondad y amor, Dios nos permite darle la gloria a Él de mayor manera con victoria, y nos da grandes recompensas. En especial, si usted supera las persecuciones y dificultades que recibe por causa del Señor, seguramente recibirá grandes bendiciones. *"Bienaventurados sois cuando por mi causa os vituperen y os persigan, y digan toda clase de mal contra vosotros, mintiendo. Gozaos y alegraos, porque vuestro galardón es grande en los cielos;*

porque así persiguieron a los profetas que fueron antes de vosotros" (Mateo 5:11-12).

Sufrir, creer, tener esperanza y soportar todas las cosas

Si usted cree en todas las cosas y tiene esperanza en todas las cosas con amor, puede vencer cualquier tipo de prueba. Entonces, ¿cómo específicamente se supone que debemos creer, tener esperanza y soportar todas las cosas?

En primer lugar debemos creer en el amor de Dios hasta el final, incluso durante las pruebas.

1 Pedro 1:7 dice: *"Para que sometida a prueba vuestra fe, mucho más preciosa que el oro, el cual aunque perecedero se prueba con fuego, sea hallada en alabanza, gloria y honra cuando sea manifestado Jesucristo"*. Él nos refina de manera que podamos alcanzar los requisitos para poder disfrutar de alabanza, gloria y honor cuando nuestras vidas lleguen al final en este mundo.

Además, si vivimos completamente de acuerdo a la Palabra de Dios sin comprometernos con el mundo, es posible que haya ocasiones en las que enfrentemos sufrimientos injustos. En cada momento debemos creer que estamos recibiendo amor especial de parte de Dios. Por ello, en vez de estar desanimados, debemos estar agradecidos debido a que Dios nos está guiando a una mejor morada en el Cielo. Además debemos creer en el amor de Dios y debemos hacerlo hasta el final. Es posible que haya algunos dolores en las pruebas de la fe.

Si el dolor es grave y se prolonga durante mucho tiempo, podemos pensar: "¿Por qué Dios no me ayuda? ¿Acaso ya no me ama?" Sin embargo, en ese momento debemos recordar el amor de Dios con mayor claridad y soportar las pruebas. Debemos creer que Dios el Padre quiere guiarnos a una mejor morada celestial porque nos ama. Si nosotros soportamos hasta el final, definitivamente llegaremos a ser hijos perfectos de Dios. *"Mas tenga la paciencia su obra completa, para que seáis perfectos y cabales, sin que os falte cosa alguna"* (Santiago 1:4).

En segundo lugar debemos creer que las pruebas son atajos para cumplir con nuestra esperanza.

Romanos 5:3-4 dice: *"Y no solo esto, sino que también nos gloriamos en las tribulaciones, sabiendo que la tribulación produce paciencia; y la paciencia, prueba; y la prueba, esperanza"*. En este caso las tribulaciones son como un atajo para alcanzar con nuestra esperanza. Quizás usted piense: "¿Cuándo podré cambiar?", pero si sigue soportando y cambiando constantemente, entonces poco a poco llegará a convertirse en un hijo de Dios verdadero y perfecto que se asemeja a Él.

Por consiguiente, cuando llega una prueba, no debe evitarla sino tratar de pasarla con sus mejores esfuerzos. Por supuesto, es la ley de la naturaleza y el deseo natural que un hombre tome el camino que sea más fácil, pero si intentamos alejarnos de las pruebas, nuestro viaje simplemente será mucho más largo. Por ejemplo, hay una persona que constantemente y en cada asunto parece causarle problemas. Usted no lo demuestra en lo externo, pero se siente incómodo cada vez que se encuentra con dicha persona. Por lo tanto, simplemente trata de evitarla. En esta situación, no debe intentar ignorarla, sino que debe superar la situación de modo activo. Debe soportar las dificultades que tenga con esa persona, y cultivar el corazón para entender y perdonar a esa persona en verdad. Entonces Dios le dará de Su gracia y así podrá cambiar. Del mismo modo, cada una de las pruebas se convertirá en escalones y atajos en el camino del cumplimiento de sus esperanzas.

En tercer lugar debemos hacer solo lo bueno.

Al enfrentar secuelas, incluso después de soportar todas las cosas de acuerdo a la Palabra de Dios, por lo general la gente se queja en contra de Dios. Se quejan diciendo: "¿Por qué la situación no cambia incluso después de actuar de acuerdo a la Palabra?" Todas las pruebas de fe son provocadas por el enemigo diablo y Satanás. Es decir, las pruebas y las persecuciones son batallas entre el bien y el mal.

De esta manera, para ganar la victoria en esta batalla espiritual, debemos pelear de acuerdo a las reglas del reino espiritual. La ley del reino espiritual es que la bondad finalmente vence. Romanos 12:21 dice: *"No seas vencido de lo malo, sino vence con el bien el mal"*. Si actuamos con bondad, puede parecer que enfrentamos pérdida y que al momento perdemos, pero de hecho es todo lo opuesto. Es porque el Dios justo y bueno controla toda la fortuna, la desgracia y la vida y la muerte de la humanidad. Por consiguiente, cuando enfrentamos dificultades, pruebas y persecución debemos actuar solo con bondad.

En algunos casos hay creyentes que enfrentan persecución por parte de los miembros de sus familiares que no son creyentes. En este tipo de casos, los creyentes pueden pensar: "¿Por qué mi esposo es tan malo? ¿Por qué mi esposa es tan mala?" Entonces la prueba se prolongará y será aún más fuerte. ¿Qué es la bondad en este tipo de situación? Usted debe orar con amor y servirles en el Señor, y convertirse en la luz que brilla en su familia.

Si usted hace solo el bien con ellos, Dios hará Su obra en el momento más apropiado. Él apartará al enemigo diablo y Satanás y motivará los corazones de los miembros de su familia. Todos los problemas serán resueltos cuando actúe con bondad de acuerdo a las normas de Dios. El arma más poderosa en la batalla espiritual no se encuentra en el poder o la sabiduría del hombre sino en la bondad de Dios. Por consiguiente, perseveremos solo en la bondad y hagamos cosas buenas.

¿Acaso existe alguien a su alrededor con quien usted cree que es muy difícil estar y difícil de soportar? Algunas personas cometen errores todo el tiempo, causan daños y problemas a los demás. Otros se quejan mucho e incluso se ponen malhumorados por cosas insignificantes. Sin embargo, si cultiva amor verdadero dentro de usted, no habrá nadie a quien no pueda soportar. Es porque podrá amar a los demás como a usted mismo, tal Jesús nos dijo que amemos a nuestro prójimo como a nosotros mismos (Mateo 22:39).

Dios el Padre también nos entiende y sufre con nosotros de esta manera. Mientras cultiva este tipo de amor en usted, debe vivir como una ostra perlera. Cuando un objeto extraño como la arena, algas marinas o partículas del caparazón se interponen entre el caparazón y su cuerpo, una ostra perlera la convierte en una perla preciosa. De esta manera, si cultivamos el amor espiritual podremos pasar a través de la puerta de perla y dirigirnos hacia la Nueva Jerusalén donde se encuentra el trono de Dios.

Solo imagine el momento cuando atraviese la puerta de perla y recuerde su pasado en la Tierra. Deberíamos estar aprestos para confesar a Dios el Padre: "Gracias por sufrir, creer, esperar y soportar todas las cosas por mí", porque Él moldeará nuestro corazón tan maravillosamente como las perlas.

Características del amor espiritual III

12. El amor todo lo sufre

13. El amor todo lo cree

14. El amor todo lo espera

15. El amor todo lo soporta

Amor perfecto

*"El amor nunca deja de ser; pero si hay dones de profecía,
se acabarán; si hay lenguas, cesarán; si hay conocimiento,
se acabará. Porque en parte conocemos,
y en parte profetizamos; pero cuando venga lo perfecto,
lo incompleto se acabará. Cuando yo era niño,
hablaba como niño, pensaba como niño, razonaba como niño;
pero cuando llegué a ser hombre, dejé las cosas de niño.
Porque ahora vemos por un espejo, veladamente,
pero entonces veremos cara a cara; ahora conozco en parte,
pero entonces conoceré plenamente,
como he sido conocido.
Y ahora permanecen la fe, la esperanza y el amor, estos tres;
pero el mayor de ellos es el amor".*
1 Corintios 13:8-13 (LBLA)

Cuando usted vaya al Cielo, si pudiera llevar algo con usted, ¿qué le gustaría llevar? ¿Oro? ¿Diamantes? ¿Dinero? ¡Todas estas cosas son inútiles en el Cielo! Allá los caminos por los que caminará son de oro puro. Lo que Dios el Padre ha preparado en la morada celestial es tan hermoso y precioso. Dios entiende nuestros corazones y prepara las mejores cosas con todos sus esfuerzos. No obstante, existe una sola cosa que podemos llevarnos de este mundo; esta será muy valiosa en el Cielo: es el amor que es cultivado en nuestros corazones mientras estamos viviendo en este mundo.

El amor también es necesario en el Cielo

Cuando el cultivo de la humanidad llegue a su fin y lleguemos al reino de los cielos, todas las cosas en la Tierra desaparecerán (Apocalipsis 21:1). Salmos 103:15 dice: *"El hombre, como la hierba son sus días; florece como la flor del campo"*. Incluso las cosas intangibles tales como las riquezas, la fama y la autoridad también desaparecerán. Todos los pecados y las tinieblas como el odio, las disputas, la envidia y los celos desaparecerán.

Sin embargo, 1 Corintios 13:8-10 (LBLA) dice: *"El amor nunca deja de ser; pero si hay dones de profecía, se acabarán; si hay lenguas, cesarán; si hay conocimiento, se acabará. Porque en parte conocemos, y en parte profetizamos; pero cuando venga lo perfecto, lo incompleto se acabará"*.

Los dones de profecía, lenguas y conocimiento en Dios son cosas espirituales, pero ¿por qué van a ser eliminadas en el Cielo? El Cielo es un reino espiritual y es un lugar perfecto. En el Cielo podremos llegar a conocer todas las cosas claramente. Incluso si nos comunicamos con Dios claramente y profetizamos, es completamente diferente a entender todo lo que ocurre en el reino celestial en el futuro. Entonces podremos claramente entender el corazón de Dios el Padre y del Señor, y la profecía ya no será necesaria.

Lo mismo sucede con las lenguas. En este caso, las 'lenguas' se refiere a los diferentes tipos de idiomas. Existen muchos idiomas diferentes en la Tierra, de modo que para hablar con alguien que habla otro idioma debemos aprender su lengua. Debido a las diferencias culturales, necesitamos mucho tiempo y esfuerzo para compartir nuestro corazón y pensamientos; incluso si hablamos el mismo idioma, no podemos comprender el corazón y los pensamientos de los demás por completo. Aunque hablemos de manera fluida y elaborada, no es fácil transmitir nuestro corazón y pensamiento en su totalidad. Debido a las palabras, puede ser que tengamos malos entendidos y peleas. Además existen muchos errores en las palabras.

No obstante, si vamos al Cielo, no debemos preocuparnos por estas cosas. En el Cielo solo existe un lenguaje. Por ello no habrá preocupación por falta de entendimiento. Debido a que el buen corazón se transmite tal como es, no puede haber ningún malentendido o prejuicios.

Lo mismo sucede con el conocimiento. En este caso, el 'conocimiento' se refiere al conocimiento de la Palabra de Dios. Cuando vivimos en este mundo aprendemos diligentemente la Palabra de Dios. A través de los 66 libros de la Biblia aprendemos cómo podemos ser salvos y cómo obtener la vida eterna. Aprendemos acerca de la voluntad de Dios, aunque es solo una parte de Su voluntad que se trata de lo que tenemos que hacer para ir al Cielo.

Por ejemplo, escuchamos y aprendemos tales palabras como: 'Amaos unos a otros', 'no envidies, no seas celoso' y así por el estilo. Sin embargo, en el Cielo solo hay amor, por lo tanto allá no necesitamos este tipo de conocimiento. A pesar de que son cosas espirituales, al final incluso la profecía, las lenguas diferentes, y todo el conocimiento también desaparecerán. Esto se debe a que son necesarias solo temporalmente en este mundo físico.

Por consiguiente, es importante conocer la Palabra de verdad y conocer acerca del Cielo; no obstante, es más importante cultivar el amor. En la medida que circuncidemos nuestro corazón y cultivemos el amor, podremos ir a una mejor morada celestial.

El amor es eternamente precioso

Simplemente recuerde el momento de su primer amor. ¡Cuán feliz se sentía! Así como decimos que estamos ciegos por amor, si realmente amamos a alguien podemos ver solo lo bueno de esa persona y todo en el mundo se ve hermoso. El sol parece más brillante que nunca, y puede sentir la fragancia incluso del aire. Hay algunos informes de laboratorio que indican que las partes del cerebro que controlan los pensamientos negativos y las críticas tienen menos actividad en las personas que están enamoradas. De la misma manera, si usted está lleno del amor de Dios en su corazón, aunque no coma se sentirá feliz. En el Cielo este tipo de amor durará para siempre.

Nuestra vida en la Tierra es como la vida de un niño

comparada a la vida que tendremos en el Cielo. Un bebé que recién comienza a hablar puede decir algunas palabras fáciles como 'mamá' y 'papá'. No puede expresar muchas cosas concretamente en detalle. Además los niños no pueden entender cosas que son complicadas del mundo de los adultos. Los niños hablan, entienden y piensan de acuerdo a su conocimiento y habilidades como niños. No tienen un concepto apropiado acerca del valor del dinero, por ello si se les da a escoger entre una moneda y un billete, naturalmente elegirán la moneda. Esto se debe a que saben que las monedas sirven para algo ya que con ellas compran caramelos o golosinas, pero no conocen el valor que poseen los billetes.

Lo mismo sucede con nuestro entendimiento del Cielo mientras estamos viviendo en este mundo. Sabemos que el Cielo es un lugar hermoso, pero es difícil expresar cuán hermoso es en realidad. En el reino celestial no hay límites, por lo tanto la belleza puede ser expresada en su totalidad. Cuando vayamos al Cielo, también podremos entender el ilimitado y misterioso reino espiritual, y los principios por los cuales todas las cosas funcionan. Esto se afirma en 1 Corintios 13:11 (LBLA) donde leemos: *"Cuando yo era niño, hablaba como niño, pensaba como niño, razonaba como niño; pero cuando llegué a ser hombre, dejé las cosas de niño"*.

En el reino de los cielos no existen las tinieblas, ni las preocupaciones o las ansiedades, sino que solo existe la bondad y el amor. Por lo tanto, podemos expresar nuestro amor y servirnos uno a otros tanto como anhelemos. De esta manera, el mundo físico y el reino espiritual son completamente diferentes. Por supuesto, incluso en este mundo, existe una gran diferencia en el entendimiento y pensamientos de las personas de acuerdo a la medida de fe de cada uno.

En 1 Juan 2, cada uno de los niveles de fe es como un 'niño pequeño', 'un niño', 'un joven' y 'un padre' respectivamente. Aquellos que se encuentran en el nivel de la fe como un niño pequeño, son como niños en el espíritu. No pueden en realidad comprender los asuntos espirituales profundos. Poseen pocas fuerzas para poner en práctica la Palabra. No obstante, cuando se convierten en personas jóvenes y padres, sus palabras, pensamientos y acciones se vuelven diferentes. Ellos tendrán grandes habilidades para practicar la Palabra de Dios y podrán obtener la victoria en contra del poder de las tinieblas. Sin embargo, aunque alcancemos la fe del padre en esta Tierra, podemos decir que aún somos como niños en comparación con el momento en que entremos en el reino celestial.

Sentiremos el amor perfecto

La infancia es un tiempo de preparación para convertirse en un adulto, y del mismo modo, la vida en este mundo es un tiempo de preparación para la vida eterna. Este mundo es solo una sombra comparado con el eterno reino de los cielos, y además es pasajero. La sombra no es lo auténtico en sí. En otras palabras, no es algo real; es simplemente una imagen que se asemeja al ser real.

El rey David bendijo al Señor a los ojos de toda la congregación y dijo: *"Porque nosotros, extranjeros y advenedizos somos delante de ti, como todos nuestros padres; y nuestros días sobre la tierra, cual sombra que no dura"* (1 Crónicas 29:15).

Cuando vemos las sombras de algo, podemos comprender el esquema general del objeto. Este mundo físico es también como una sombra que nos da una idea breve acerca del mundo eterno. Cuando la sombra que es la vida en este mundo llega a su fin, lo auténtico será claramente revelado. En la actualidad conocemos acerca del reino espiritual vaga y levemente como si estuviéramos mirando en un espejo. Sin embargo, cuando vayamos al reino de los cielos podremos entender claramente como cuando vemos cara a cara.

1 Corintios 13:12 (LBLA) dice: *"Porque ahora vemos por un espejo, veladamente, pero entonces veremos cara a cara; ahora conozco en parte, pero entonces conoceré plenamente, como he sido conocido".* Cuando el apóstol Pablo escribió este capítulo acerca del amor espiritual, fue hace aproximadamente dos mil años. En ese entonces un espejo no tenía una imagen tan clara como lo que conocemos en la actualidad. Los espejos no eran hechos de vidrio. La gente molía el bronce, la plata o el hierro y luego pulía el metal para que se reflejara la luz. Es por esta razón que un espejo era tenue. Por supuesto, algunas personas ven y sienten el reino de los cielos de manera más vívida cuando sus ojos espirituales se encuentran abiertos. A pesar de eso, podemos ver la belleza y la felicidad del Cielo de manera tenue.

Cuando ingresemos al eterno reino de los cielos podremos ver claramente todos los detalles del reino y los sentiremos directamente. Aprenderemos acerca de la grandeza, el poderío y la belleza de Dios que va más allá de las palabras.

El amor es el mayor entre la fe la esperanza y el amor

La fe y la esperanza son muy importantes para que nuestra fe pueda crecer. Podemos ser salvos e ir al Cielo solo cuando poseemos fe, y podemos convertirnos en hijos de Dios solo mediante la fe. Debido a que podemos obtener la salvación, la vida eterna y el reino de los cielos solo mediante la fe, esta es algo muy importante. Y el tesoro de todos los tesoros es la fe, la cual es la llave para recibir las respuestas a nuestras oraciones.

¿Y qué hay con respecto a la esperanza? La esperanza también es preciosa, nos apropiamos de las mejores moradas en el Cielo por tener esperanza. Por lo tanto, si tenemos fe naturalmente tendremos esperanza. Si con certeza creemos en Dios y el Cielo y el Infierno, tendremos esperanza por el Cielo. Además, si tenemos esperanza intentaremos santificarnos y trabajar fielmente para el reino de Dios. La fe y la esperanza son necesarias hasta llegar al reino de los cielos. Sin embargo, 1 Corintios 13:12 dice que el amor es mayor, ¿por qué?

En primer lugar la fe y la esperanza son lo que se necesita durante nuestra vida en este mundo y solo el amor espiritual es el que permanece en el reino de los cielos.

En el Cielo no tenemos que creer en ninguna cosa sin ver o tener esperanza, ya que todo estará frente a nuestros ojos. Supongamos que hay alguien en su vida a quien usted ama mucho y no se ve con esa persona durante una semana, o aún peor, por diez años. Tendrá emociones mucho más profundas y más grandes cuando se encuentre con ella tras todos esos años. Y al encontrarnos con esa persona a la que habíamos extrañado tanto, ¿habrá alguien más que la siga extrañando?

Lo mismo sucede con nuestras vidas cristianas; si realmente tenemos fe y amamos a Dios, nuestra esperanza crecerá a medida que transcurre el tiempo y crece nuestra fe. Echaremos de menos al Señor cada vez más a medida que pasan los días. Aquellos que tienen esperanza por el Cielo de esta manera, no dirán que es difícil aunque tomen el camino estrecho en este mundo, y no se dejarán llevar por las tentaciones. Y cuando lleguemos a nuestro destino final, el reino de los cielos, ya no necesitaremos fe ni esperanza. No obstante, el amor persiste en el Cielo por siempre, y es por eso que la Biblia dice que el amor es el mayor.

En segundo lugar podemos poseer el Cielo con la fe, pero sin el amor, no podemos llegar a la morada celestial más hermosa: La Nueva Jerusalén.

Podemos apropiarnos a la fuerza del reino celestial en la medida que actuemos con fe y esperanza. En la medida que vivamos mediante la Palabra de Dios, desechemos los pecados y cultivemos corazones hermosos, recibiremos fe espiritual y en la misma medida se nos dará diferentes lugares de morada en el Cielo: El Paraíso, el primer reino de los cielos, el segundo reino de los cielos, el tercer reino de los cielos y la Nueva Jerusalén.

El Paraíso es el lugar para aquellos que solo han tenido fe para aceptar a Jesucristo. Significa que no han hecho nada para el reino de Dios. El primer reino de los cielos es para aquellos que han intentado vivir por la Palabra de Dios luego de haber aceptado a Jesucristo. Este es mucho más hermoso que el Paraíso. El segundo reino de los cielos es para aquellos que han vivido de acuerdo a la

Palabra de Dios mediante su amor por Él y que han sido fieles a Su reino. El tercer reino de los cielos es para aquellos que aman a Dios en grado sumo y han desechado toda forma de maldad para llegar a santificarse. La Nueva Jerusalén es para aquellos que tienen fe que agrada a Dios y han sido fieles en toda la casa de Dios.

La Nueva Jerusalén es una morada celestial dada a los hijos de Dios que han cultivado el amor perfecto con la fe, y es un cristaloide de amor. De hecho, nadie más que Jesucristo, el único Hijo de Dios, posee las cualidades para poder ingresar en la Nueva Jerusalén. No obstante, siendo criaturas también podemos tener las cualidades para entrar allí si somos justificados por la sangre preciosa de Jesucristo y poseemos la fe perfecta.

Para poder asemejarnos al Señor y morar en la Nueva Jerusalén debemos seguir el camino que el Señor tomó. Ese camino es el amor. Solo con este tipo de amor podemos alcanzar los nueve frutos del Espíritu Santo y las Bienaventuranzas para ser dignos de ser verdaderos hijos de Dios que tienen el carácter del Señor. Una vez que alcanzamos los requisitos como verdaderos hijos de Dios, recibimos todo lo que pedimos en este mundo, y tendremos el privilegio de poder caminar con el Señor por siempre en el Cielo. Por consiguiente, podemos ir al Cielo cuando tenemos fe y podemos desechar los pecados cuando tenemos esperanza. Por esta razón la fe y la esperanza son sin duda necesarias, pero el amor es el mayor porque podemos entrar a la Nueva Jerusalén solo si tenemos amor.

"No debáis a nadie nada, sino el amaros unos a otros;

porque el que ama al prójimo, ha cumplido la ley.

Porque: No adulterarás, no matarás, no hurtarás,

no dirás falso testimonio, no codiciarás,

y cualquier otro mandamiento, en esta sentencia se resume:

Amarás a tu prójimo como a ti mismo.

El amor no hace mal al prójimo;

así que el cumplimiento de la ley es el amor".

Romanos 13:8-10

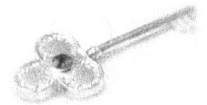

Parte 3

El amor es el cumplimiento de la Ley

Capítulo 1 : El amor de Dios

Capítulo 2 : El amor del Cristo

El amor de Dios

"Y nosotros hemos conocido y creído el amor que Dios tiene para con nosotros. Dios es amor; y el que permanece en amor, permanece en Dios, y Dios en él"

1 Juan 4:16

Mientras trabajaba con los indígenas quechuas, Elliot comenzó a prepararse para llegar a la famosa y violenta tribu indígena huaorani. Él, junto a otros cuatro misioneros, Ed McCully, Roger Youderian, Peter Fleming y su piloto Nate Saint, hicieron contacto desde el aeroplano con la tribu indígena utilizando un altavoz y una canasta para pasar regalos. Luego de algunos meses, los misioneros decidieron construir una base a poca distancia de la tribu junto al río Curaray. De allí se acercaron varias veces a pequeños grupos de indígenas huaorani, e incluso dieron un paseo en avión a un huaorani curioso a quien ellos llamaban 'George' (su verdadero nombre era Naenkiwi). Animados por este encuentro amistoso, comenzaron sus planes para visitar a la tribu huaorani, pero sus planes cambiaron por la llegada de un gran número de ellos quienes mataron a Elliot y a sus cuatro compañeros el 8 de enero de 1956. El cuerpo mutilado de Elliot se encontró aguas abajo, junto con los de los otros hombres, excepto el de Ed McCully.

Elliot y sus amigos instantáneamente se hicieron conocidos en todo el mundo como mártires; la revista Life publicó un artículo de diez páginas acerca de su misión y muerte. Se les atribuye el haber provocado el entusiasmo e interés en las misiones cristianas entre los jóvenes de su tiempo y todavía se consideran un estímulo a los misioneros cristianos que trabajan en todo el mundo. Luego de la muerte de su esposo, Elisabeth Elliot y otros misioneros comenzaron a trabajar entre los indígenas aucas, donde tuvieron un impacto profundo y ganaron la conversión de muchos creyentes. Muchas almas fueron ganadas por el amor de Dios.

"No debáis a nadie nada, sino el amaros unos a otros;

porque el que ama al prójimo, ha cumplido la ley. Porque: No adulterarás, no matarás, no hurtarás, no dirás falso testimonio, no codiciarás, y cualquier otro mandamiento, en esta sentencia se resume: Amarás a tu prójimo como a ti mismo. El amor no hace mal al prójimo; así que el cumplimiento de la ley es el amor" (Romanos 13:8-10).

El nivel más alto de amor entre todos los tipos, es el amor de Dios hacia nosotros. La creación de todas las cosas y los seres humanos se originó también en el amor de Dios.

Dios creó todas las cosas y a los seres humanos por Su amor

En el principio Dios moraba en el vasto espacio del universo por sí solo. Ese universo era muy diferente al que conocemos en la actualidad. Es un espacio que no tiene ni principio ni fin, ni tampoco límite alguno. Todas las cosas son hechas de acuerdo a la voluntad de Dios y lo que alberga en su corazón. Entonces, si Dios puede hacer y tener todo lo que quiere, ¿por qué creó los seres humanos?

Él quiso hijos verdaderos con los cuales poder compartir la belleza del mundo del que Él estaba disfrutando. Quiso compartir el espacio donde todo sucede tal como Él quiere. Lo mismo sucede con la mente humana; nos gustaría compartir abiertamente las cosas buenas con los que amamos. Con esta esperanza, Dios planificó el cultivo de la humanidad para obtener hijos verdaderos.

Como primer paso, Él dividió el universo en el mundo físico y el mundo espiritual, y creó huestes celestiales y ángeles, otros seres espirituales y todas las otras cosas necesarias en el reino espiritual. Hizo un espacio donde Él pudiera morar al igual que en el reino de los cielos donde Sus hijos verdaderos podrán morar, y el espacio para que los seres humanos pudieran atravesar por el cultivo de la humanidad. Luego de transcurrido un período de tiempo inconmensurable, Él creó la Tierra en el mundo físico junto al sol, la luna, las estrellas y el entorno natural; todo esto era necesario para que el ser humano pueda vivir.

Existe un sinnúmero de seres espirituales alrededor de Dios como los ángeles, pero estos obedecen incondicionalmente, algo así como robots. Estos no son seres con los que Él puede compartir de Su amor. Por esta razón Dios creó al hombre a Su imagen para obtener hijos verdaderos con los cuales poder compartir Su amor. Si fuera posible tener robots con caras bonitas que actuaran exactamente de acuerdo a lo que usted quisiera, ¿podrían sustituir a sus propios hijos? Aunque sus propios hijos no lo quieran escuchar de vez en cuando, aun así ellos serían mucho más amados que los robots ya que pueden sentir su amor y expresárselo a usted. Lo mismo sucede con Dios. Él desea hijos verdaderos con los cuales poder intercambiar Su corazón. Con este amor, Dios creó al primer ser humano; fue Adán.

Después de que Dios creó a Adán, hizo un huerto en un lugar llamado Edén hacia el este y lo puso allí. El Huerto del Edén fue dado por consideración de Dios a Adán. Es un lugar misterioso y hermoso donde las flores y los árboles crecen muy bien y animales encantadores se pasean. Tiene abundantes frutos por todas partes. Tiene brisas que se sienten tan suaves como la seda y la hierba hace sonidos susurrantes. El agua brilla como piedras preciosas con los reflejos de la luz sobre ella. Incluso con la mejor imaginación del hombre, no podríamos expresar en su totalidad la belleza de este lugar.

Dios también le dio a Adán una ayuda a quien llamó Eva. No es porque el propio Adam se sentía solo. Dios entendía el corazón de Adán con antelación ya que Él había estado solo durante mucho tiempo. En las mejores condiciones de vida dada por Dios, Adán y Eva caminaron con Dios y, por mucho, mucho tiempo, disfrutaron de una gran autoridad como los mayordomos de todas las criaturas.

Dios cultivó a los seres humanos para hacerlos sus hijos verdaderos

No obstante, a Adán y a Eva les faltaba algo para que pudieran ser verdaderos hijos de Dios. Aunque Él les dio su amor al máximo, no podían realmente sentir el amor de Dios. Ellos disfrutaron de todas las cosas dadas por Él, pero no había nada que hubieran obtenido o ganado con su propio esfuerzo. De esta manera, no pudieron comprender cuán preciso era el amor de Dios y tampoco apreciaban lo que se les había entregado. Además de ello, jamás habían experimentado la muerte o la desdicha, y tampoco conocían el valor de la vida. Jamás experimentaron las enemistades, por lo tanto no comprendieron el verdadero valor del amor. A pesar de que escucharon y conocieron del amor solo como mero conocimiento en sus cerebros, no pudieron sentir amor verdadero en sus corazones ya que nunca lo pudieron experimentar de primera mano.

La razón por la que Adán y Eva comieron del árbol de la ciencia del bien y del mal radica en el siguiente verso: Dios les dijo: *"...porque el día que de él comieres, ciertamente morirás";* sin embargo, ellos no conocían el significado completo de la muerte (Génesis 2:17). ¿Acaso Dios no sabía que ellos comerían del árbol de la ciencia del bien y del mal? Sí lo sabía. Dios ya lo sabía, pero aun así dio a Adán y a Eva el libre albedrío para que tomaran la decisión de obedecer. Aquí yace la providencia para el cultivo de la humanidad.

Por medio del cultivo de la humanidad Dios quiso que todo hombre experimentara lágrimas, sufrimiento, dolor, muerte, etc. para que luego, cuando llegara al Cielo, pudieran verdaderamente sentir cuán valiosas y preciosas son las cosas en el Cielo, y pudieran disfrutar de felicidad verdadera. Dios quiere compartir Su amor con nosotros por siempre en el Cielo, el mismo que es sin comparación, más hermoso que el Huerto del Edén.

Luego de que Adán y Eva desobedecieron la Palabra de Dios, ya no pudieron vivir en el Huerto del Edén por más tiempo. Y debido a que además Adán perdió su autoridad como el amo de todas las criaturas, todos los animales y las plantas también fueron maldecidos. La Tierra una vez tuvo abundancia y belleza, pero también fue maldecida. En la actualidad produce espinas y cardos, y las personas no pueden cosechar nada sin arduo trabajo y sin el sudor de su frente.

A pesar de que Adán y Eva desobedecieron, Dios les

confeccionó vestiduras de pieles y los vistió ya que ellos iban a tener que vivir en un ambiente completamente diferente (Génesis 3:21). El corazón de Dios debe haberse entristecido como el de los padres que tienen que enviar lejos a sus hijos durante algún tiempo para que se preparen para su futuro. A pesar de este amor de Dios, poco tiempo después de que comenzó el cultivo de la humanidad, los hombres se encontraban manchados por el pecado y rápidamente se distanciaron de Dios.

Romanos 1:21-23 dice: *"Pues habiendo conocido a Dios, no le glorificaron como a Dios, ni le dieron gracias, sino que se envanecieron en sus razonamientos, y su necio corazón fue entenebrecido. Profesando ser sabios, se hicieron necios, y cambiaron la gloria del Dios incorruptible en semejanza de imagen de hombre corruptible, de aves, de cuadrúpedos y de reptiles".*

Para esta humanidad pecadora Dios mostró su amor a través de la providencia y el pueblo elegido, Israel. Por una parte, cuando ellos vivieron mediante la Palabra de Dios, Él mostró señales y prodigios asombrosos y les dio grandes bendiciones. Por otra parte, cuando se alejaron de Dios, adoraron ídolos y cometieron pecados, Dios les envió a muchos profetas para que les dieran Su mensaje.

Uno de esos profetas fue Oseas, quien actuó en una época oscura después de que Israel se dividió en Israel del norte y Judá del sur.

Cierto día Dios le dio a Oseas una orden especial diciéndole: *"Ve, tómate una mujer fornicaria, e hijos de fornicación..."* (Oseas 1:2). No podía imaginarse que un profeta de Dios se casara con una mujer fornicaria. Aunque él no pudo comprender en su totalidad la intención de Dios, Oseas obedeció Sus Palabras y tomó a una mujer llamada Gomer como su esposa.

Ellos tuvieron tres hijos, pero Gomer fue tras otro hombre siguiendo su lascivia. A pesar de ello, Dios le dijo a Oseas que amara a su esposa (Oseas 3:1). Oseas la buscó y la llevó pagando por ella quince siclos de plata y un homer y medio de cebada.

El amor que Oseas le dio a Gomer simbolizaba el amor de Dios por nosotros. Y Gomer, la mujer fornicaria simbolizaba a todas las personas que están manchadas por el pecado. Así como Oseas tomó como esposa una mujer que era fornicaria, Dios amó primero a aquellos que estaban manchados por el pecado en este mundo.

Mostró su interminable amor, con la esperanza de que toda persona se apartara de su camino de muerte y se convirtiera en Su hijo. Aunque se hicieron amigos del mundo y se distanciaron de Dios por un tiempo, Él no dijo: "Ustedes me dejaron; Yo no puedo aceptarlos otra vez". Él simplemente quiere que todos regresen a Él y lo hace con un corazón más sincero que el de los padres que esperan a sus hijos, que se escaparon de la casa, que regresan.

Dios preparó a Jesucristo desde antes de los tiempos

La parábola del hijo pródigo en Lucas 15 muestra explícitamente el corazón de Dios el Padre. El segundo hijo que disfrutó de una vida rica como hijo, no tenía un corazón agradecido por su padre ni tampoco entendía el valor de la clase de vida que estaba viviendo. Una día él pidió que le dieran por adelantado el dinero de su herencia. Él era típicamente un niño mimado que estaba pidiendo el dinero de su herencia mientras su padre aún vivía.

El padre no pudo detener a su hijo, ya que el muchacho no pudo comprender el corazón de su padre en absoluto, y eventualmente le dio a su hijo el dinero de la herencia. El hijo se sentía feliz y se fue de viaje. El dolor del padre comenzó en ese mismo momento. Se encontraba sumamente preocupado pensando: "¿Qué pasa si se lastima? ¿Qué sucede si se encuentra con algunas personas malas?" El padre ni siquiera podía conciliar bien el sueño por estar preocupado por su hijo, y miraba hacia el horizonte esperando que su hijo regresara.

Pronto el dinero que tenía el hijo se terminó, y las personas comenzaron a maltratarlo. Él se encontraba en una situación en la cual quería saciar su hambre de los desperdicios que comían los cerdos, pero nadie le estaba dando nada. En ese momento recordó la casa de su padre. Entonces regresó a su hogar, pero se sentía tan mal que ni siquiera podía levantar su rostro. Sin embargo, el padre corrió hacía él y lo besó. El padre no lo culpó por nada, sino que estaba tan feliz que le puso la mejor ropa y mató un ternero para hacer una fiesta para él. Este es el amor de Dios.

El amor de Dios no es dado a ciertas personas en momentos especiales. 1 Timoteo 2:4 dice: *"El cual (Dios) quiere que todos los hombres sean salvos y vengan al conocimiento de la verdad"*. Él mantiene la puerta de la salvación abierta todo el tiempo, y el momento que un alma regresa a Dios, Él le da la bienvenida a cada uno con mucho gozo y felicidad.

Con este amor de Dios que no nos deja de lado hasta el final se abrió el camino para que todo el mundo reciba la salvación. Esto se debe a que preparó a Su Hijo unigénito Jesucristo. Tal como está escrito en Hebreos 9:22 que dice: *"Y casi todo es purificado, según la ley, con sangre; y sin derramamiento de sangre no se hace remisión"*, Jesús pagó el precio de los pecados que los pecadores debían pagar, con Su sangre preciosa y Su propia vida.

1 Juan 4:9 habla acerca del amor de Dios de la siguiente manera: *"En esto se mostró el amor de Dios para con nosotros, en que Dios envió a su Hijo unigénito al mundo, para que vivamos por él"*. Dios hizo que Jesús derramara Su sangre preciosa para redimir a la humanidad de todos sus pecados. Jesús fue crucificado, pero Él venció la muerte y resucitó al tercer día debido a que en Él no había pecado. Por medio de Él se abrió el camino de la salvación. El hecho de darnos a Su Hijo unigénito no es tan fácil como parece. Un dicho coreano dice lo siguiente: "Los padres no sienten dolor aun cuando sus hijos se ponen físicamente en sus ojos". Muchos padres sienten que la vida de sus hijos es más importante que sus propias vidas.

Por consiguiente, el que Dios haya dado a Su Hijo unigénito nos muestra el amor supremo. Además Dios preparó el reino de los cielos para aquellos que ha ganado nuevamente por medio de la sangre de Jesucristo. ¡Cuán grande amor nos muestra aquí! Y en este caso, Su amor no termina ahí.

Dios nos ha dado el Espíritu Santo para guiarnos al Cielo

Dios da el Espíritu Santo como un don a aquellos que aceptan a Jesucristo y reciben el perdón de sus pecados. El Espíritu Santo es el corazón de Dios. Desde el momento de la ascensión del Señor, Dios envió al Consolador, el Espíritu Santo a nuestro corazón.

En Romanos 8:26-27 leemos: *"Y de igual manera el Espíritu nos ayuda en nuestra debilidad; pues qué hemos de pedir como conviene, no lo sabemos, pero el Espíritu mismo intercede por nosotros con gemidos indecibles. Mas el que escudriña los corazones sabe cuál es la intención del Espíritu, porque conforme a la voluntad de Dios intercede por los santos".*

Cuando pecamos el Espíritu Santo nos guía al arrepentimiento mediante el gemido que es más profundo que las palabras. A los que poseen una fe débil, Él les da fe; a los que no tienen esperanza, Él les da esperanza. Al igual que las madres con delicadeza consuelan y se preocupa por sus hijos, Él nos da Su voz para que no seamos afectados o perjudicados de ninguna manera. De este modo nos permite conocer el corazón de Dios quien nos ama y nos conduce al reino de los cielos.

Si nosotros entendemos este tipo de amor profundamente, no podremos dejar de amar a Dios de manera recíproca. Si amamos a Dios con todo el corazón, Él nos retribuirá con abundancia de amor grande y sorprendente. Nos da salud y nos bendice para que todas las cosas marchen bien. Dios hace esto porque es la ley del reino espiritual, pero lo más importante es que quiere que sintamos Su amor por medio de las bendiciones que recibimos de parte de Él. *"Yo amo a los que me aman, y me hallan los que temprano me buscan"* (Proverbios 8:17).

¿Qué fue lo que sintió cuando conoció a Dios por primera vez y recibió sanidad o solución a varios problemas? Debe haber sentido que Dios amó incluso a un pecador como usted. Creo que debe haber confesado en su corazón: "Si el mar estuviera lleno de tinta y el cielo fuera un gran papel, no bastarían para escribir acerca del amor de Dios en los Cielos". Quizá se ha sentido sobrecogido con el amor de Dios que le ha dado el Cielo eterno donde no existe la preocupación, dolor, enfermedades, la separación ni la muerte.

Nosotros no lo amamos primero; al contrario, Él se acercó primero a nosotros y nos extendió Sus manos. Él no nos amó porque merecíamos ser amados. Dios nos amó tanto que nos dio a Su Hijo unigénito a nosotros que éramos pecadores y estábamos destinados a morir. Él ama a todas las personas, y se preocupa por nosotros con un amor más grande que el de una madre que no puede olvidarse de su hijo al que dio a luz (Isaías 49:15). Él nos espera, como si un millar de años no fueran más que un día.

El amor de Dios es amor verdadero que no cambia ni siquiera con el paso del tiempo. Cuando lleguemos al Cielo nos quedaremos boquiabiertos al ver las hermosas coronas, el lino fino resplandeciente y las casas celestiales construidas con oro y piedras preciosas que Dios ha preparado para nosotros. Él nos da recompensas y dones incluso durante nuestra vida en este mundo y está esperando ansiosamente el día para estar con nosotros en Su gloria eterna. Sintamos Su gran amor.

CAPÍTULO 2

El amor del Cristo

*"Y andad en amor, como también Cristo nos amó,
y se entregó a sí mismo por nosotros,
ofrenda y sacrificio a Dios en olor fragante".*
Efesios 5:2

El amor posee el gran poder de hacer que lo imposible sea posible. Especialmente, el amor de Dios y el amor del Señor son en verdad sorprendentes. Puede hacer que personas incompetentes que no son capaces de hacer nada de manera efectiva se conviertan en personas competentes que pueden hacer todas las cosas. Cuando los pescadores sin educación, recaudadores de impuestos, que en ese momento se consideraban como pecadores, los pobres, las viudas y las personas olvidadas del mundo tuvieron un encuentro con el Señor, sus vidas fueron totalmente cambiadas. Su pobreza y sus afecciones fueron resueltas y sintieron el verdadero amor que nunca antes habían sentido. Ellos se consideraban a sí mismos sin valor, no obstante nacieron de nuevo como instrumentos gloriosos de Dios. Ese es el poder del amor.

Jesús vino a este mundo despojándose de Su gloria celestial

En el principio Dios era la Palabra, y la Palabra vino a este mundo en forma humana. Es Jesús, el Hijo unigénito de Dios. Jesús vino a este mundo para salvar a la humanidad de la esclavitud del pecado que estaba yendo por el camino de la muerte. Por lo que el nombre Jesús significa: *"...porque Él salvará a su pueblo de sus pecados"* (Mateo 1:21).

Todas estas personas manchadas por el pecado no son diferentes que los animales (Eclesiastés 3:18). Jesús nació en un establo de animales para redimir a los hombres que abandonaron lo que tenían que hacer y no eran mejores que los animales. Él fue puesto en un pesebre destinado a la alimentación de animales para convertirse en verdadero alimento para las personas (Juan 6:51). Era para que los hombres recuperen la imagen perdida de Dios y permitir que cumplan todo su deber.

Además, Mateo 8:20 dice: *"Jesús le dijo: Las zorras tienen guaridas, y las aves del cielo nidos; mas el Hijo del Hombre no tiene dónde recostar su cabeza"*. Tal como se menciona, Él no tenía un lugar donde dormir, y tenía que pasar la noche en los campos atravesando noches frías y lluviosas. A veces salía sin comida y en varias ocasiones tuvo hambre. No fue porque Él era incapaz, sino para redimirnos de la pobreza. En 2 Corintios 8:9 leemos: *"Porque ya conocéis la gracia de nuestro Señor Jesucristo, que por amor a vosotros se hizo pobre, siendo rico, para que vosotros con su pobreza fueseis enriquecidos"*.

Jesús comenzó Su ministerio público con la señal de convertir el agua en vino en la boda de Caná. Él predicó acerca del reino de los cielos y realizó muchas señales y prodigios en las áreas de Judea y Galilea. Muchos leprosos fueron sanados, el paralítico pudo caminar y saltar, y aquellos que sufrieron de posesiones demoníacas fueron liberados del poder de las tinieblas. Incluso una persona que estaba muerta por cuatro días y su cuerpo olía a putrefacción, salió viva de la tumba (Juan 11).

Jesús manifestó esas cosas increíbles durante Su ministerio en la Tierra para que las personas se dieran cuenta del amor de Dios. Además, al ser uno en origen con Dios y la Palabra misma, mantuvo la Ley por completo para darnos un ejemplo perfecto. Es más, debido a que Él guardó toda la Ley, no condenó a los que violaron la Ley y debían morir. Simplemente les enseñó a las personas la verdad para que toda alma se arrepintiera y recibiera salvación.

Si Jesús hubiera medido a todos estrictamente de acuerdo a la Ley, nadie podría haber recibido la salvación. La Ley son los mandamientos de Dios los cuales nos dicen qué hacer, qué no hacer, y qué cosas guardar. Por ejemplo, existen tales mandamientos como: "guardar el día de reposo santo, no codiciar la casa de su prójimo, honrar a sus padres, y desechar toda forma de maldad". El destino final de todas las leyes es el amor. Si usted guarda todos los estatutos y leyes, puede practicar el amor, al menos de manera externa.

Sin embargo, lo que Dios quiere de nosotros no es solo que guardemos la Ley mediante nuestras acciones, Él quiere que practiquemos la Ley con amor en nuestro corazón. Jesús conoce muy bien el corazón de Dios y cumplió la Ley con amor. Uno de los mejores ejemplos es el caso de una mujer que fue encontrada en el acto mismo de adulterio (Juan 8). Un día los escribas y los fariseos trajeron a una mujer que había sido encontrada cometiendo adulterio, la pusieron en medio de las personas y le preguntaron a Jesús: *"Y en la ley nos mandó Moisés apedrear a tales mujeres. Tú, pues, ¿qué dices?"* (Juan 8:5)

Ellos dijeron esto para poder encontrar motivos para poder acusar a Jesús. ¿Cómo cree usted que la mujer se sintió en ese momento? Ella debió haberse sentido tan avergonzada de su pecado que fue revelado delante de todos; debió haber estado temblando de miedo porque ella estaba a punto de ser lapidada hasta la muerte. Si Jesús hubiera dicho: "Apedréenla", su vida hubiera llegado a su final al ser golpeada por tantas piedras.

Sin embargo, Jesús no les dijo que la castigaran de acuerdo a la Ley. Al contrario, se agachó y empezó a escribir algo en el suelo con Su dedo. Fueron los pecados que las personas habían cometido en común. Luego de escribir los pecados, se puso de pie y dijo: *"El que de vosotros esté sin pecado sea el primero en arrojar la piedra contra ella"* (v. 7). Entonces, nuevamente se inclinó y comenzó a escribir algo.

En ese momento comenzó a escribir los pecados de cada individuo, como si Él los hubiera visto, como cuándo, dónde, y cómo cada uno de ellos cometieron sus pecados. Los que tenían remordimientos de conciencia dejaron el lugar de uno en uno. Finalmente, solo quedaron Jesús y la mujer. Los siguientes versos 10 y 11 dicen: *"Enderezándose Jesús, y no viendo a nadie sino a la mujer, le dijo: Mujer, ¿dónde están los que te acusaban? ¿Ninguno te condenó? Ella dijo: Ninguno, Señor. Entonces Jesús le dijo: Ni yo te condeno; vete, y no peques más"*.

¿Acaso la mujer no sabía que la pena por adulterio era la muerte por lapidación? Por supuesto que sí. Ella conocía la Ley pero pecó porque no podía vencer sobre su lascivia. Ella solo esperaba ser condenada a muerte porque su pecado había sido revelado, pero ya que experimentó repentinamente el perdón de Jesús, ¡cuán conmovida debe haberse sentido! Mientras recordara el amor de Jesús, no podría volver a pecar de nuevo.

Ya que Jesús, por medio de Su amor perdonó a la mujer que había quebrantado la Ley, ¿queda abolida la Ley mientras tengamos amor por Dios y por nuestro prójimo? ¡Claro que no! Acerca de esto, en Mateo 5:17 Jesús dijo: *"No penséis que he venido para abrogar la ley o los profetas; no he venido para abrogar, sino para cumplir"*.

Podemos practicar la voluntad de Dios de manera más perfecta porque tenemos la Ley. Si alguien simplemente dice que ama a Dios, no podemos medir cuán profundo y grande es su amor. No obstante, la medida de su amor puede se puede examinar porque poseemos la Ley. Si realmente ama a Dios con todo su corazón, sin duda alguna guardará la Ley. Para este tipo de persona no es difícil poder guardar la Ley. Además de ello, en la medida que guarde la Ley apropiadamente, recibirá el amor y las bendiciones de Dios.

Pero los legalistas de la época de Jesús no estaban interesados en el amor de Dios que está en la Ley. Ellos no estaban enfocados en hacer que sus corazones se santifiquen sino en guardar las formalidades. Se sentían satisfechos e incluso se enorgullecían de mantener la Ley exteriormente. Pensaban que estaban guardando la Ley y por lo tanto inmediatamente juzgaban y condenaban a aquellos que la quebrantaban. Cuando Jesús explicó el verdadero significado en la ley y enseñó acerca del corazón de Dios, ellos dijeron que Jesús estaba equivocado y poseído por demonios.

Ya que los fariseos no tenían amor, guardar la ley por completo no les fue de provecho para sus almas en absoluto (1 Corintios 13:1-13). Ellos no desecharon la maldad en su corazón, sino que solo juzgaron y condenaron a los demás y así se distanciaron de Dios. Eventualmente cometieron el pecado de crucificar al Hijo de Dios, lo cual no pudo ser revertido.

Jesús cumplió la providencia de la cruz mediante la obediencia hasta la muerte

Al final de los tres años de Su ministerio, Jesús se dirigió al

Monte de los Olivos justo antes de que comenzara Su sufrimiento. A medida que se acercaba más la noche, Jesús oró fervientemente al tener en frente suyo la crucifixión. Su oración era un clamor para salvar a todas las almas por medio de Su sangre, la cual no tiene culpa alguna. Era una oración pidiendo el poder para sobrellevar el sufrimiento de la cruz. Oró fervientemente y su sudor parecía grandes gotas de sangre cayendo al suelo (Lucas 22:42).

Esa misma noche, Jesús fue capturado por los soldados y llevado a los diferentes palacios para ser cuestionado. Eventualmente recibió la sentencia de muerte en la corte de Pilato. Los soldados romanos le pusieron una corona de espinas en Su cabeza, le escupieron y golpearon antes de que lo llevaran al lugar de la ejecución (Mateo 27:28-31).

Su cuerpo estaba cubierto de sangre. Se burlaron y lo azotaron toda la noche, y con ese cuerpo subió al Gólgota con la cruz de madera. Una gran multitud lo siguió. Aquellos que una vez le dieron la bienvenida gritando 'Hosanna', ahora eran una multitud que gritaba '¡Crucifíquenlo!' El rostro de Jesús estaba tan cubierto de sangre que Su rostro era irreconocible. Todas Sus fuerzas se habían agotado debido a los dolores infligidos por la tortura, y era muy difícil para Él dar un paso hacia adelante.

Luego de llegar al Gólgota, Jesús fue crucificado para redimirnos de nuestros pecados. Para redimirnos, debido a que estábamos bajo la maldición de la Ley que dice que la paga por el pecado es la muerte (Romanos 6:23), Él fue colgado en la cruz y derramó toda Su sangre. Él perdonó los pecados que cometemos con nuestros pensamientos al llevar la corona de espinas en Su cabeza. Fue clavado en Sus manos y pies para redimirnos de los pecados que cometemos con nuestras manos y pies.

Las personas necias que no conocían este hecho se burlaron y rieron de Jesús que fue colgado en la cruz (Lucas 23:35-37). Sin embargo, incluso en medio del dolor insoportable, Jesús oró por el perdón de aquellos que lo estaban crucificando según consta en Lucas 23:34 donde leemos: *"Padre, perdónalos, porque no saben lo que hacen. Y repartieron entre sí sus vestidos, echando suertes"*.

La crucifixión es uno de los métodos más crueles entre los métodos de ejecución. Las personas que han sido condenadas tienen que sufrir de dolor por un tiempo relativamente más largo que otros castigos. Las manos y los pies son atravesados con clavos, y la piel es desgarrada. Hay deshidratación severa y se trastorna la circulación sanguínea provocando un deterioro lento en las funciones de los órganos internos. La persona que es ejecutada también tiene que sufrir de dolores provenientes de los insectos que se acercan debido al olor de la sangre.

¿Qué cree que Jesús pensó mientras se encontraba en la cruz? No pensó en el dolor insoportable de su cuerpo. Al contrario, estaba pensando en la razón por la que Dios había creado a la humanidad, el significado del cultivo de la humanidad en este mundo y la razón por la que Él tuvo que sacrificarse como propiciación por los pecados del hombre, y ofreció oraciones de gratitud de todo corazón.

Después de que Jesús sufrió por seis horas en la cruz, Él dijo: *"Tengo sed"* (Juan 19:28). Era sed espiritual, que es la sed de ganar las almas que van por el camino de la muerte. Pensando en las innumerables almas que vivirán en este mundo en el futuro, Él nos estaba pidiendo que compartiéramos el mensaje de la cruz y que salváramos las almas.

Finalmente Jesús dijo: *"Consumado es"* (Juan 19:30), y expiró después de decir: *"Padre, en tus manos encomiendo mi espíritu"* (Lucas 23:46). Él encomendó Su espíritu en las manos de Dios ya que había cumplido con Su deber de abrir el camino de la salvación para toda la humanidad al convertirse en la propiciación. Fue el momento en que se cumplió el acto de amor más grande.

Desde ese momento, el muro de pecado que se interponía entre Dios y nosotros fue derribado, y pudimos de esta manera comunicarnos directamente con Dios. Antes de esto, el sumo sacerdote debía ofrecer sacrificio por el perdón de los pecados a nombre del pueblo, pero esto ya no es así. Cualquier persona que crea en Jesucristo puede acercarse al santo santuario de Dios y adorarle directamente.

Jesús prepara las moradas celestiales con Su amor

Antes de tomar la cruz, Jesús dijo a Sus discípulos las cosas que acontecerían. Les dijo que tendría que tomar la cruz para cumplir la providencia de Dios Padre, pero los discípulos seguían preocupados. Ahora les habló acerca de las moradas celestiales para traer consuelo a sus vidas.

Juan 14:1-3 dice: *"No se turbe vuestro corazón; creéis en Dios, creed también en mí. En la casa de mi Padre muchas moradas hay; si así no fuera, yo os lo hubiera dicho; voy, pues, a preparar lugar para vosotros. Y si me fuere y os preparare lugar, vendré otra vez, y os tomaré a mí mismo, para que donde yo estoy, vosotros también estéis".* De hecho, Él venció la muerte y resucitó y ascendió al Cielo a la vista de muchas personas. Fue para que Él pudiera preparar la morada celestial para nosotros. Ahora, ¿qué quiso decir con "Voy a preparar lugar para vosotros"?

1 Juan 2:2 dice: *"Y él es la propiciación por nuestros pecados; y no solamente por los nuestros, sino también por los de todo el mundo".* Tal como menciona, esto significa que todos pueden poseer el Cielo mediante la fe, porque Jesús ha derribado el muro de pecado entre Dios y nosotros.

Además Jesús dijo: "En la casa de mi Padre muchas moradas hay", y nos dice que Él quiere que todos reciban salvación. No dijo que hay muchas moradas en el 'Cielo', sino 'en la casa de mi Padre', porque podemos llamar a Dios 'Abba, Padre' a través de la labor de la preciosa sangre de Jesús.

El Señor sigue intercediendo por nosotros incesantemente. Con todo Su corazón oró delante del trono de Dios sin comer o beber (Mateo 26:29). Él ora para que podamos ganar la victoria en el cultivo de la humanidad en esta Tierra y revelar la gloria de Dios al hacer que nuestras almas prosperen.

Además, cuando el Juicio del Gran Trono Blanco tome lugar después de que el cultivo de la humanidad termine, Él aún seguirá obrando para nosotros. En la corte de juicio a todo el mundo se le dictará sentencia sin el más mínimo error por todo lo que haya hecho cada uno. No obstante, el Señor será el defensor de los hijos de Dios y suplicará diciendo: "Yo he lavado sus pecados con mi sangre", para que ellos puedan recibir una mejor morada y recompensas en el Cielo. Debido a que Él vino a esta Tierra y experimentó de primera mano todo lo que los hombres deben atravesar, hablará en favor de los hombres actuando como un defensor. ¿Cómo podemos llegar a entender por completo este tipo de amor de Cristo?

Dios nos permite conocer este tipo de amor por nosotros por medio de Su Hijo unigénito Jesucristo. Este amor es el tipo de amor por el cual Jesús no escatimó derramar su última gota de sangre por nosotros. Es el amor incondicional e inmutable con el que Él perdona setenta veces siete. ¿Quién nos podrá separar de Su amor?

En Romanos 8:38-39 el Apóstol Pablo proclamó: *"Por lo cual estoy seguro de que ni la muerte, ni la vida, ni ángeles, ni principados, ni potestades, ni lo presente, ni lo por venir, ni lo alto, ni lo profundo, ni ninguna otra cosa creada nos podrá separar del amor de Dios, que es en Cristo Jesús Señor nuestro"*.

El apóstol Pablo se dio cuenta del amor de Dios y el amor de Cristo, y entregó su vida por completo para obedecer la voluntad de Dios y vivir como un apóstol. Además, no escatimó su vida para evangelizar a los gentiles. Practicó el amor de Dios que llevó a muchas almas al camino de la salvación.

A pesar de que fue llamado 'cabecilla de la secta de los nazarenos', Pablo dedicó toda su vida como predicador. Difundió a todo el mundo el amor de Dios y el amor del Señor, que es más profundo y más amplio que ninguna otra cosa. Ruego en el nombre del Señor que usted se convierta en un verdadero hijo de Dios que cumple la Ley con amor y que more por siempre en el lugar más hermoso de la morada celestial, la Nueva Jerusalén, compartiendo juntos el amor de Dios y el amor de Cristo.

Acerca del autor:
Dr. Jaerock Lee

El Rev. Dr. Jaerock Lee nació en 1943 en Muan, Provincia de Jeonnam, República de Corea. A sus veinte años, él padeció de una serie de enfermedades incurables durante siete años, y al no tener ninguna esperanza de recuperación, él esperaba únicamente la muerte. Cierto día, durante la primavera de 1974, fue invitado por su hermana a una iglesia, y cuando se inclinó para orar, el Dios vivo inmediatamente lo sanó de todas sus enfermedades.

Desde el momento en que el Rev. Dr. Lee conoció a Dios a través de aquella experiencia maravillosa, él ha amado a Dios con todo su corazón y sinceridad. En 1978 él recibió el llamado a ser un siervo de Dios. Clamó fervientemente a fin de entender con claridad la voluntad de Dios y llevarla a cabo por completo, y obedeció a cabalidad la Palabra de Dios. En 1982 fundó la Iglesia Central Manmin en Seúl (Corea del Sur) e innumerables obras de Dios, incluyendo sanidades o prodigios milagrosos, han tomado lugar en la iglesia.

En 1986 el Rev. Dr. Lee fue ordenado como pastor en la Asamblea Anual de la Iglesia de Jesús de Sungkyul de Corea, y cuatro años más tarde sus sermones empezaron a ser transmitidos en Australia, Rusia, las Filipinas. Poco tiempo después muchos países más fueron alcanzados a través de la Compañía de Radiodifusión del Lejano Oriente, la Estación de Radiodifusión de Asia, y el Sistema Radial Cristiano de Washington.

Luego de transcurridos tres años, en 1993, la Iglesia Central Manmin fue denominada por la Revista *Christian World* de EE. UU. como una de las '50 Iglesias Principales del Mundo'. El mismo año el Dr. Lee obtuvo un Doctorado Honorario en Teología en Christian Faith College, Florida (EE. UU.) y en 1996 obtuvo un Ph.D. en Ministerio en el Seminario Teológico de Kingsway en Iowa (EE. UU.).

Desde 1993, el Rev. Dr. Lee ha tomado la batuta en el área de las misiones mundiales a través de cruzadas evangelísticas internacionales en Tanzania, Argentina, Los Ángeles, Baltimore, Hawái, y la ciudad de Nueva York en los Estados Unidos, Uganda, Japón, Pakistán, Kenia, las Filipinas, Honduras, India, Rusia, Alemania, Perú, República Democrática de Congo, Israel y Estonia.

En el año 2002 fue reconocido como 'Evangelista mundial', por su poderoso ministerio en varias cruzadas internacionales por varios periódicos en Corea. En particular, la 'Cruzada Nueva York 2006', celebrada en el Madison Square Garden, el estadio más famoso del mundo. Este evento fue transmitido a 220 países, y en la 'Cruzada Unida Israel 2009' realizada en el Centro Internacional de Convenciones (ICC por sus siglas en inglés) en Jerusalén, con valentía proclamó que Jesucristo es el único Salvador y Mesías.

Sus sermones son transmitidos a 176 naciones vía satelital incluyendo a GCN TV. Fue nombrado uno de los 'Los diez líderes cristianos con mayor influencia' en el año 2009 y 2010 consecutivamente, por la conocida revista cristiana *In Victory* y la agencia de noticias *Cristian Telegraph* por su poderoso ministerio televisivo y ministerio de cuidado pastoral a las iglesias extranjeras.

Hasta el mes de febrero de 2016, la Iglesia Central Manmin cuenta con una congregación de más de ciento veinte mil miembros; tiene diez mil iglesias filiales a nivel mundial; incluyendo 56 iglesias filiales locales y más de 102 misioneros que han sido comisionados a 23 países, entre ellos los Estados Unidos, Rusia, Alemania, Canadá, Japón, China, Francia, India, Kenia, y muchos más.

Hasta la fecha de esta publicación, el Dr. Lee ha escrito 100 libros, incluyendo algunos en lista de superventas de librería tales como *Gozando de la Vida Frente a la Muerte, Mi Vida Mi Fe I y II, El Mensaje de la Cruz, La Medida de Fe, Cielo I y Ii, Despierta Israel* y *El Poder de Dios*. Sus obras han sido traducidas a más de 75 idiomas.

Sus editoriales cristianos se publican en los diarios *The Hankook Ilbo, The JoongAng Daily, The Dong-A Ilbo, The Munhwa Ilbo, The Seoul Shinmun, The Kyunghyang Shinmun, The Hankyoreh Shinmun, The Korea Economic Daily, The Korea Herald, The Shisa News,* y *The Christian Press*.

El Dr. Lee es actualmente el líder de muchas organizaciones y asociaciones misioneras, entre ellas: Presidente de la Iglesia de la Santidad Unida de Jesucristo, Presidente vitalicio de la Asociación de Avivamiento y Misiones Cristianas Mundiales, Fundador y Presidente de la Red Cristiana Mundial (GCN por sus siglas en inglés), Fundador y Presidente de la Junta de la Red Mundial de Médicos Cristianos (WCDN por sus siglas en inglés), y Fundador y Presidente de la Junta del Seminario Internacional Manmin (MIS por sus siglas in inglés).

Otros libros poderosos del mismo autor:

Cielo I & II

Una descripción detallada del maravilloso y vívido ambiente que los ciudadanos del Cielo disfrutarán en los cinco niveles del Reino de los Cielos, además de una hermosa descripción de cada uno de ellos.

El Mensaje de la Cruz

Un poderoso mensaje de avivamiento para todos aquellos que están espiritualmente adormecidos. En este libro encontrará la razón por la que Jesús es el único Salvador y es el verdadero amor de Dios.

Infierno

Un sincero y ferviente mensaje de Dios para toda la humanidad. ¡Dios desea que ningún alma caiga en las profundidades del infierno! Usted descubrirá una descripción nunca antes revelada de la cruel realidad del Hades y del Infierno.

Espíritu, Alma y Cuerpo I & II

Una guía que otorga comprensión espiritual del espíritu, el alma y el cuerpo y ayuda a descubrir el tipo de 'persona' que hemos llegado a ser, para que podamos obtener el poder para derrotar a las tinieblas y convertirnos en personas del espíritu.

La Medida de Fe

¿Qué tipo de lugar celestial y qué tipo de corona y recompensas están preparadas para usted en el Cielo? Este libro proporciona la sabiduría y guía para que usted mida su fe y cultive una fe mejor y más madura.

¡Despierta Israel!

¿Por qué ha mantenido Dios sus ojos sobre el pueblo de Israel desde el principio del mundo hasta hoy? ¿Qué tipo de providencia ha preparado Dios para Israel en los últimos días mientras esperan al Mesías?

Mi Vida, Mi Fe I & II

La autobiografía del Dr. Jaerock Lee proporciona un fragante aroma espiritual a los lectores a través de su vida extraída del amor de Dios que brotó en medio de olas oscuras, un yugo frío y la mayor desesperación.

El Poder de Dios

Un libro que toda persona debe leer, ya que sirve como una guía esencial por medio de la cual podemos llegar a poseer fe verdadera, además de experimentar el maravilloso poder de Dios.

www.urimbooks.com

www.ingramcontent.com/pod-product-compliance
Lightning Source LLC
LaVergne TN
LVHW012016060526
838201LV00061B/4327